Histórias dos cães que mudaram minha vida

Cesar Millan
com Melissa Jo Peltier

Histórias dos cães que mudaram minha vida

Tradução
Carolina Simmer

1ª edição

Rio de Janeiro | 2018

CIP-BRASIL. CATALOGAÇÃO NA PUBLICAÇÃO
SINDICATO NACIONAL DOS EDITORES DE LIVROS, RJ

M59h
Millan, Cesar, 1969-
    Histórias dos cães que mudaram minha vida: oito lições inspiradoras de como os cachorros enriquecem nossas vidas / Cesar Millan, Melissa Jo Peltier; tradução Carolina Simmer. – 1ª. ed. – Rio de Janeiro: Best*Seller*, 2018.

Tradução de: Cesar Millan's Lessons From the Pack
ISBN 978-85-465-0138-0

1. Millan, Cesar, 1969-. 2. Cães. 3. Relação homem-animal. I. Peltier, Melissa Jo. II. Simmer, Carolina. III. Título.

CDD: 636.7
CDU: 636.7

18-50538

Meri Gleice Rodrigues de Souza – Bibliotecária CRB-7/6439

Texto revisado segundo o novo Acordo Ortográfico da Língua Portuguesa.
Título original
CESAR MILLAN'S LESSONS FROM THE PACK
Copyright © 2017 National Geographic Partners, LLC. Todos os direitos reservados.
Copyright da tradução © 2018 by Editora Best Seller Ltda.

Imagem de capa: Jason Elias/Cesar's Way, Inc.
Imagem de quarta capa: Jason Elias/Cesar's Way, Inc.
Imagem de orelha: Jason Elias/Cesar's Way, Inc.

Todos os direitos reservados. Proibida a reprodução,
no todo ou em parte, sem autorização prévia por escrito da editora,
sejam quais forem os meios empregados.
Direitos exclusivos de publicação em língua portuguesa para o Brasil
adquiridos pela
EDITORA BEST SELLER LTDA.
Rua Argentina, 171, parte, São Cristóvão
Rio de Janeiro, RJ – 20921-380
que se reserva a propriedade literária desta tradução

Impresso no Brasil

ISBN 978-85-465-0138-0
Seja um leitor preferencial Record.
Cadastre-se e receba informações sobre nossos lançamentos e nossas promoções.
Atendimento e venda direta ao leitor
mdireto@record.com.br ou (21) 2585-2002

Para homenagear o espírito canino, como forma de expressar minha gratidão por tudo que os cães fizeram por mim e por minha família, dedico este livro ao meu sensível cão-professor, Daddy.
Ele acreditava em si mesmo, acreditava em mim, e me ensinou a ajudar os outros.
Daddy, por favor, continue me guiando até que eu possa ser tão sábio e bondoso quanto você era. Foi um grande privilégio caminhar ao seu lado, meu amigo.
Todos nós sentimos sua falta — especialmente eu.

Deus deu aos Animais
Uma sabedoria que é invisível aos nossos olhos:
Cada um deles nasce sabendo como viver,
Enquanto nós precisamos nos esforçar para aprender

— Margaret Atwood,
"Deus deu aos Animais"

Sumário

Introdução: Conheça seus novos professores   11

LIÇÃO 1: Respeito   21
LIÇÃO 2: Liberdade   43
LIÇÃO 3: Confiança   67
LIÇÃO 4: Autenticidade   85
LIÇÃO 5: Perdão   117
LIÇÃO 6: Sabedoria   139
LIÇÃO 7: Adaptabilidade   169
LIÇÃO 8: Aceitação   203

Epílogo   223
Fontes   229
Material   233
Agradecimentos   237

Os animais entram em nossas vidas prontos para ensinar e, em vez de se afligirem com sua impossibilidade de falar, se valem de vários métodos diferentes de comunicação. Cabe a nós dar ouvidos em vez de simplesmente escutar, analisar em vez de simplesmente ver.

— Nick Trout,
Love Is the Best Medicine

Introdução:

Conheça seus novos professores

Imagine comigo. Só por um instante. Imagine um dia assim:

Os pássaros da manhã estão cantando na janela quando você acorda naturalmente, ao nascer do sol — você não precisa de um despertador para saber quando deve começar o dia. Assim que a luz do sol atinge seus olhos, seu corpo se enche de uma mistura de animação, alegria e expectativa. Sem esforço, você começa sua série matinal de ioga, se alongando e relaxando cada músculo do corpo antes de sair para seu exercício da manhã.

Enquanto caminha pela vizinhança e se deleita com sua boa saúde, você aproveita cada momento para absorver o ar fresco, o aroma das flores, da grama e das árvores ao redor. Apesar de fazer a mesma caminhada todos os dias, você sempre a aprecia como se fosse a primeira vez. Encontra amigos e vizinhos, se demora para cumprimentá-los com entusiasmo, e eles, por sua vez, retribuem a receptividade. Todos estão empolgados com o dia que terão pela frente.

Quando você volta para casa para tomar café, sua família está à sua espera. Você cumprimenta todos com ainda mais alegria e amor incondicional do que ofereceu aos vizinhos. Você os abraça, os beija, deixa claro o quando os ama e os aprecia antes de todos irem correndo para o quintal para comemorar mais um dia que passam juntos. Sua rotina todas as manhãs é assim — porque, se não pudermos compartilhar essa incrível fascinação e gratidão que sentimos com aqueles que mais amamos, qual é o sentido da vida?

Quando chega a hora de ir ao trabalho, você vai animado, pois adora seu emprego! Ele é motivo de orgulho e faz bem à sua autoestima. Você fala com seus colegas de forma carinhosa. Apesar de serem tão diferentes de você por fora — com alturas, pesos, cores, raças e religiões variadas —, todos compartilham a compreensão de que fazem parte da mesma espécie e têm um propósito em comum. Você respeita cada uma das pessoas com quem trabalha, desde aquelas cujos empregos demandam ocupações mais braçais, até o presidente. E o presidente compartilha dessa atitude. A filosofia da empresa é de que todos têm um papel fundamental ali dentro e devem ganhar uma parcela justa dos lucros.

De vez em quando, você tem desavenças com algum colega de trabalho. Esse alguém pode ter algo que você queira ou talvez tenha feito algo que lhe pareça errado. Mas ninguém puxa o tapete do outro na sua empresa — não há tramoias nos bastidores ou fofocas no bebedouro. Não: quando ocorre uma desavença, as duas partes dizem o que pensam na hora, mesmo que isso signifique uma briga rápida. Tudo vai acabar em minutos, a questão será decidida, e você poderá seguir seu dia sem rancor ou ressentimento.

Parece um mundo perfeito, não? E provavelmente impossível — quase um conto de fadas urbano.

Mas não necessariamente. O cenário que acabei de apresentar é uma visão de como as coisas poderiam ser se os humanos encarassem a vida como os cachorros.

Os cães nos mostram a melhor versão de nós mesmos.

Nos últimos dez anos, escrevi seis livros sobre comportamento canino, e quase todos entraram para a lista dos mais vendidos do *New York Times*. Eles estão cheios de histórias sobre os muitos cachorros que ajudei a reabilitar ao longo dos anos e as técnicas que usei para ajudá-los. Nesses livros, eu era o professor. Mas este é diferente. Aqui, os cães não são os alunos, mas os mestres. Nossos mestres. Nas páginas a seguir, vou compartilhar pela primeira vez algumas das lições mais importantes que os animais da minha vida me ensinaram.

Nossos cachorros interagem conosco diariamente, e suas ações nos mostram formas melhores de viver. No geral, não prestamos atenção. Nós não lhes damos o devido valor, julgamos saber muito mais sobre a vida do que eles e acreditamos que temos mais a ensinar do que a aprender.

Na verdade, gastamos uma enorme quantidade de energia tentando fazer com que nossos animais se comportem mais como seres humanos! Nós os ensinamos a entender nossa linguagem — sem nunca nos darmos ao trabalho de compreender a deles. E os ensinamos a sentar, ficar, vir e rolar de acordo com nossa vontade, não com a deles. Nós os mimamos como se fossem crianças (quando realmente não ligam nem um pouco se têm o brinquedo mais bonito de todos) e os vestimos com roupas sofisticadas (quando estão pouco se lixando para moda).

Nada disso faz sentido para mim. Aqui estamos nós, ensinando nossos cães a agirem como pessoas, quando tantos humanos são incapazes de ter um relacionamento feliz com membros da própria espécie. Os cachorros, por natureza, são motivados a valorizar qualidades como honra, respeito, hábito, compaixão, honestidade, confiança e lealdade. Por instinto, compreendem a importância da hierarquia na matilha e de relacionamentos mutuamente benéficos. Então, em vez de ensiná-los o que achamos que devem aprender conosco, não seria melhor aproveitarmos a oportunidade de assimilar o conhecimento deles?

Escrevi este livro porque acredito que chegou a hora de começarmos a enxergar nossos animais como professores. Os cães têm todas as qualidades que afirmamos desejar, mas nunca conseguimos alcançar. Não há um dia de suas vidas em que eles não sigam o código moral que os seres humanos tanto desejam seguir. E eu acredito que, muitas vezes, os cachorros nos compreendem melhor do que nós mesmos.

Sócrates disse: "Conhece-te a ti mesmo." Tenho minha própria variação desse princípio: Se quiseres conhecer a ti mesmo, conhece teu cachorro! Afinal de contas, de certa forma, seu animal de estimação conhece melhor você — seu eu verdadeiro — do que a maioria das pessoas na sua vida. Ele sabe sua rotina. Consegue ler sua linguagem corporal e suas emoções — talvez bem melhor do que você mesmo. Seu cão revela os pensamentos que você esconde e até os do seu subconsciente e é um reflexo do seu interior mais íntimo.

*Nenhum filósofo nos compreende tão bem
quanto os cachorros e os cavalos.*

— Herman Melville

A evolução de um professor

Os cachorros se tornaram nossos melhores professores porque, por necessidade, são estudantes dedicados do comportamento humano há séculos. Em milênios de evolução, aprenderam a estudar nossa espécie e se tornaram capazes de viver e cooperar conosco.

Reflita: Os cães migraram conosco por milhares e milhares de quilômetros. Eles caçaram conosco; pastorearam nosso gado e defenderam nossos territórios. Caminharam ao nosso lado e se adaptaram em cada estágio da jornada, nos acompanhando em nossa evolução de caçadores a fazendeiros a moradores de cidades industrializadas.

Ao longo desses muitos anos, os cachorros passaram a conhecer nossos hábitos tão bem quanto conhecem os seus. Aprenderam a ler nossa linguagem corporal e a compreender alterações de voz. Para sobreviver, se tornaram os maiores especialistas do mundo em todos os tipos de comportamento humano. Acredito de verdade que, se pudessem falar nossa língua, eles seriam nossos melhores psicólogos, assim como os melhores amigos e mestres.

Existem mais de quatrocentos milhões de cachorros no mundo. Aproximadamente uma em cada quatro famílias nos Estados Unidos tem um cão em casa. Não importa se você é rico ou pobre, religioso ou ateu, se mora numa metrópole ou num pequeno sítio no campo. Os cães sabem como cooperar e morar em qualquer lugar conosco.

Por serem tão adaptáveis, os cães são um dos poucos animais que coexistem alegremente com seres humanos há dezenas de milhares de anos. No revelador livro *Seu cachorro é um gênio!*, os cientistas pesquisadores Brian Hare e Vanessa Woods teorizam que, quando os lobos pré-históricos começaram a se transformar nos animais que conhecemos hoje, eles "domesticaram" os humanos assim como nós os domesticamos. Eles aprenderam rapidamente que, se nos ajudassem a caçar, guiar nossas ovelhas e proteger nossos lares, também ganhariam recompensas: comida e abrigo, o que acabou desenvolvendo uma afeição especial entre as espécies.

Imagine o momento em que, há cerca de 34 mil anos, o primeiro lobo/cão paleolítico inteligente compreendeu que todas as suas necessidades na vida seriam resolvidas se ele apenas ajudasse aquela criatura estranha que andava com duas patas a fazer as coisas que os lobos já faziam naturalmente todos os dias: caçar, explorar, rastrear e proteger suas famílias. Os lobos que não temiam nem ameaçavam os seres humanos passaram a ter uma vantagem que seus primos mais "selvagens" não tinham. Era uma situação de benefício mútuo que se perpetuaria até os dias de hoje.

Enquanto nossos cães se esforçaram para nos entender e se adaptar ao nosso mundo, a recíproca não foi verdadeira. Quando me procuram, a maioria dos meus clientes acha que os problemas de seus animais não têm nada a ver com eles. Em praticamente todos os casos, as dificuldades de um cão têm origem nos donos. Independentemente de profissão ou origem cultural, as pessoas com quem trabalho me pedem a mesma coisa: "Cesar, por favor, por favor, ajude meu cachorro!" Preciso ensiná-las a compreender que, antes de poder ajudar o animal, elas precisam aprender como ajudar a si mesmas.

A evolução de um melhor amigo

Durante todas as fases de nossa evolução, os cachorros estiveram ao nosso lado, observando e analisando nossa energia. Quando precisamos de proteção, eles encontram uma forma de se comunicarem conosco, nos avisando dos perigos iminentes. Quando precisamos de transporte, eles são gentis ao concordarem em puxar nossos trenós e carroças. E quando precisamos de companhia, eles se aproximam e aprendem a se tornar nossos melhores amigos.

Conforme a civilização humana evoluiu, passamos a não precisar dos cães para a maioria das tarefas físicas que um dia executaram. Mas eles continuam se adaptando aos nossos dilemas até hoje. Os cachorros nos ajudam a detectar doenças, nos auxiliam em missões de resgate, oferecem apoio terapêutico em hospitais, fazem companhia e trazem alegria aos nossos lares.

Nosso relacionamento com os cães sempre envolveu uma conexão mais profunda do que o convívio com outros animais de estimação, como peixinhos dourados, furões, bichos de fazenda ou até gatos. Talvez por ambos serem espécies sociáveis, os humanos e os cachorros compartilham a compreensão e o apreço de podermos ajudar e contar uns com os outros.

Com o tempo, os cães deixaram de ser ajudantes e se tornaram companheiros e membros da família. Sua perspectiva sobre a vida, aparentemente simples, nos oferece um vislumbre ideal sobre como é ter respeito, confiança, devoção e lealdade num relacionamento. Faz sentido que, em seu próximo papel evolucionário, esses animais se tornem nossos maiores professores.

Acho que os cães são as criaturas mais fantásticas; eles oferecem amor incondicional. Para mim, são o maior exemplo de como viver.

— Gilda Radner

As lições mais importantes da vida

Quando eu era criança, tive a chance de saber mais sobre respeito com os cachorros que vagavam por nossa fazenda, absorvendo suas lições sobre resolver conflitos sem agressão e sobre autopercepção social. Aprendi sobre serenidade ao observar a cooperação tranquila entre os membros da matilha. Aprendi sobre honestidade e integridade ao absorver a forma direta e simples como os animais se comunicavam entre si. Os cachorros eram meus exemplos de vida e me ajudaram a me tornar o homem que sou hoje. Eles ainda me incentivam a ser uma pessoa melhor: um companheiro, amigo, pai e professor melhor.

Para aprender com os cães, primeiro precisamos nos conectar a eles — sem achar que somos superiores. Temos que ser humildes e permanecer abertos a um tipo diferente de comunicação. Para aprender com os cães — ou com qualquer animal, na verdade —, temos que compreender o mundo deles, tentando ver a vida através de seus olhos.

Nossas vidas são tão complicadas hoje em dia. Enquanto nos orgulhamos, com motivo, da tecnologia revolucionária que a sociedade tem a oferecer, esquecemos que ela também pode nos afastar cada vez mais de nossos instintos naturais. Para nós, trabalhos estressantes, deslocamentos longos e horas passadas debruçados sobre computadores parecem coisas normais. Nossos filhos têm mais dever de casa do que tempo para brincar. Eles não se divertem mais subindo em árvores; em vez disso, ficam enfurnados em casa, grudados em uma tela brilhante. Nós temos casas para limpar, tarefas para cumprir, dívidas a quitar, contas a pagar. Se nos permitirmos ficar perdidos nesses detalhes, jamais teremos a oportunidade de ver o mundo e todos seus momentos preciosos — da forma como um cachorro faz naturalmente.

Levando tudo isso em consideração, acredito que o segredo para a paz interior e a felicidade esteja no mundo do instinto, estado em que os cachorros vivem o tempo todo. No âmago de nosso ser, somos animais, e sabemos quando algo não está certo em nossas vidas. Então lemos livros de autoajuda e nos automedicamos com comidas, bebidas, drogas, jogos de azar e compras — tudo em uma tentativa desesperada de se desligar dos problemas e encontrar a paz. Mas a verdade é que temos a melhor inspiração do mundo vivendo ao nosso lado, em casa.

Os cães podem nos ensinar tantas lições de vida — como, por exemplo, sobre confiança, lealdade, serenidade e amor incondicional. Falo sobre todos esses tópicos nas próximas páginas. Mas, acima de tudo, quero compartilhar oito lições específicas que vieram de cães muito especiais na minha vida e que me ensinaram sobre respeito, liberdade, confiança, autenticidade, perdão, sabedoria, adaptabilidade e aceitação. Aprendi tudo isso com meus amados pit bulls Daddy e Junior; com um orgulhoso e confiável cão de fazenda chamado Paloma; com dois rottweilers enormes chamados Cain e Cycle; e até com um pequeno buldogue francês chamado Simon. Muitos cachorros passaram pela minha vida, mas cada um deixou sua marca. Como você verá, cada capítulo representa uma etapa concreta e inspiradora em uma jornada de autodescoberta baseada nas lições que os cães podem nos ensinar.

Passei muitos anos falando sobre líderes e seguidores. Mas acho que chegou a hora de nós "seguirmos" os cachorros ao adotarmos sua visão de mundo, seu estilo de vida e seus valores (que são os valores sociais da matilha). Os cães têm vidas sem egoísmo, sempre colocando o bem-estar do grupo em primeiro lugar. Como vivem o momento, não se prendem às pequenas coisas e ignoram o que é importante para eles.

Neste momento da história humana, é imperativo que adotemos essa filosofia de matilha. Precisamos voltar para o senso comum, para a simplicidade e a gratidão pelo que temos. Nós deixamos de lado as coisas mais essenciais da vida: família, saúde, alegria e equilíbrio. Os cachorros, não. Quando sentem que há algo de errado — em um ambiente, em uma situação, com uma pessoa —, eles não pensam em como vão resolver a questão. Simplesmente reagem, quase da mesma maneira como afastaríamos nossa mão de uma labareda. E, quando se trata de entender o que está acontecendo com as voláteis emoções humanas, os cães são especialistas.

Se prestarmos mais atenção neles e ficarmos alertas ao que nos dizem, nossos amados animais de estimação podem ser fundamentais para nosso crescimento pessoal e autoconhecimento. A sabedoria dos cães é remédio para a alma — mas, no mundo egoísta de nossa espécie, temos o costume de não levar isso em consideração.

Então, venha comigo nesta jornada que irá revelar uma nova maneira de viver — baseada nas lições especiais e reveladoras que podemos aprender com nossos cães.

Lição 1: Respeito

Nós somos o sol e a lua, meu querido amigo; somos o mar e a terra. Nosso objetivo não é nos tornarmos iguais; é nos reconhecer, aprender a ver o outro e nos honrar pelo que somos: cada um é o oposto e o complemento do outro.

— Hermann Hesse, *Narciso e Goldmund*

Ele tinha a mesma aparência dos outros cachorros da fazenda: cabeça de lobo, rabo levemente enrolado, pernas compridas e o corpo magro como o de um coiote. Mas nós sempre identificávamos Paloma por seu pelo: de um branco puro, tão diferente dos tons marrons e cinza do restante da matilha. Mesmo quando o pôr do sol só tornava visível sua silhueta e a cor não podia ser identificada, havia algo naquele animal que se destacava quando ele retornava de um dia longo e quente no campo. Trotando pelo cume de um declive, com a poeira da terra batida subindo a cada passo que dava, Paloma exalava uma dignidade excepcional.

Sempre ao lado ou atrás do meu avô, mas à frente dos outros homens e cachorros, ele tinha a mesma postura empertigada e orgulhosa que os cactos de pitaia que cobriam as colinas de Sinaloa, estado do México cuja capital é Culiacán, a cidade em que morávamos. Suas orelhas eram pontudas e alertas, se virando de um lado para o outro como antenas parabólicas em busca de sinal. Ele mantinha a cabeça e o pescoço esticados; mesmo quando parava como uma estátua, seus olhos permaneciam em movimento, alertas a tudo ao redor.

Não havia dúvida de que Paloma era o líder da matilha de mais ou menos sete cachorros que viviam conosco na fazenda — assim como não havia dúvida de que meu avô era o líder da sua própria matilha (que incluía nossa família, os cachorros e os trabalhadores). Mas Paloma também era o tenente do meu avô. Ele podia ser de outra espécie, mas não havia dúvida de que era o segundo em comando. Tanto os cães quanto os empregados sabiam disso.

Como braço direito do meu avô, Paloma era uma presença imponente, respeitada e honrada pela comunidade. Como meu avô, ele era um líder natural, calmo e discreto, mas obviamente no comando. Como meu avô, ele trabalhava todos os dias, do amanhecer ao anoitecer, para se sustentar. E, como meu avô, ele era responsável pela segurança e pelo bem-estar daqueles sob seu comando.

Quando garoto, morando na fazenda com meus avós, meus pais e minha irmã mais nova, Nora, eu era fascinado por Paloma. Ficava observando seu comportamento junto aos outros animais: como ele corrigia os filhotes, mantinha a ordem quando uma briga acontecia e, especialmente, como respondia às necessidades do meu avô por instinto, antes mesmo que fossem comunicadas. Lembro-me de fitar seus olhos castanho-

-claros e sentir a emoção de ser encarado de volta — não era apenas um animal, mas uma alma de profundo conhecimento. Havia uma compreensão naquele olhar, uma sabedoria atemporal.

Eu me recordo de um momento em que Paloma me comunicou pelo olhar: "Um dia, você também será o líder de uma matilha."

VAMOS PULAR PARA CERCA de quarenta anos depois. Paloma e sua matilha já se foram há muito tempo — a maldição de ser humano é que provavelmente vamos sobreviver a quase todos os cachorros que conhecemos e amamos. Mas sentado aqui, hoje, olhando para os morros e vales ondulantes que cercam meu Centro de Psicologia Canina em Santa Clarita, Califórnia, ainda consigo vê-los — não como fantasmas, mas como espíritos vivos, cuja energia ainda vibra por estas colinas.

Em retrospecto, percebo que assimilei minha primeira noção de liderança ao observar meu avô cuidando da fazenda. Ele não precisava comandar as pessoas de forma agressiva. Não ficava irritado nem demonstrava medo quando a colheita morria por falta de água. Por causa de seu comando firme e estável, todos, incluindo os animais, lhe obedeciam de bom grado.

Paloma era o equivalente dele no mundo canino, inspirando o mesmo tipo de respeito. Não precisava latir ou rosnar para fazer com que os membros da matilha o seguissem. Nunca parecia ansiosa ou temerosa quando os animais se estressavam pelo calor ou pela fome.

Hoje percebo que vovô e Paloma compartilhavam uma característica que eu me esforcei muito para aprender ao longo da vida: a habilidade de encorajar a confiança e inspirar o respeito dos outros. Ninguém consegue se tornar um líder sem conquistar a admiração dos outros, construindo uma credibilidade mútua, que é a base dos relacionamentos humanos e caninos. Os líderes incapazes disso geralmente se fazem valer de uma autoridade baseada no medo — estilo que não funciona no mundo animal nem no relacionamento entre homens e cães.

Há um velho mito na minha área de que uso um método de treinamento de "dominância". A palavra "dominância" em referência aos cães que lideram a matilha com frequência é interpretada erroneamente como "dominação" ou "intimidação". Não foi esse o tipo de liderança que aprendi com meu avô e com Paloma, e não é esse tipo de liderança inspiradora que defendo. A base para ser um líder da matilha são o respeito e a confiança, não medo ou dominação.

O ciclo da vida

Eu nasci e passei os anos mais importantes da minha infância na fazenda do meu avô em Culiacán. Nossa vida era tradicionalmente rural. Todos trabalhávamos diariamente para manter a fazenda em funcionamento: meu avô, minha avó, meu pai e minha mãe, e até as crianças, cada um tinha suas tarefas e responsabilidades. (No início, éramos só eu e minha irmã Nora; mais tarde, chegaram minha irmã Monica e meu irmão Erick.)

Meu avô era arrendatário de terras, o que significava que, apesar de não ser dono da propriedade, tinha permissão do dono para morar lá. Não houve um dia de sua vida em que ele não acordasse e fosse trabalhar — ordenhando vacas, criando porcos para o abate, coletando ovos e colhendo legumes. Às vezes, fazia hora extra como minerador. Vovô ganhava a vida trocando seu trabalho duro pelo uso da terra e dos itens essenciais de que precisava para sustentar a família. Ele faleceu na fazenda, aos 105 anos de idade.

Esse tipo de existência deve parecer saída de uma cápsula do tempo de um passado distante — e, de certa forma, é mesmo. Mas a vida é assim em países em desenvolvimento. Hoje, meus parentes que continuam no México ainda vivem assim.

Quando eu tinha cerca de 6 anos, minha família se mudou para Mazatlán, uma cidade a duzentos quilômetros do rancho de vovô. Mas continuei passando as férias lá até o fim da adolescência. Pensando naquela época, sei que a idealizo, e até hoje acredito que foram os dias simples na fazenda que me ensinaram o que é ter equilíbrio e felicidade na vida.

Mas a realidade é que a vida no campo nem sempre era um mar de rosas. Toda a família trabalhava do amanhecer até o sol se pôr. Não havia espaço para qualquer pessoa ou animal que não colaborasse. Nós contávamos bastante com os cachorros — para pastorear nossos bodes e outros tipos de gado; para proteger as colheitas de pragas, como ratos, coelhos e pássaros; e para agir como vigias, nos alertando da presença de animais perigosos e humanos desconhecidos.

Acho bem difícil que meu avô conseguisse manter o senhorio satisfeito e nossa família bem-alimentada se não fosse por Paloma e sua matilha.

Paloma se une à família

Nas fazendas do México, as pessoas geralmente compram, vendem ou trocam animais para trabalho — as vacas, os cavalos e os porcos —, mas os cachorros, de alguma forma, sempre continuam lá. Ainda assim, a história de como Paloma chegou a nós é um pouco mais especial.

Certo verão, quando eu era bebê, meu avô foi visitar uma fazenda vizinha e descobriu que uma das cadelas tinha acabado de parir uma ninhada. Curioso, pediu para ver os filhotes. Um cachorrinho branco se destacava entre os irmãos marrons e cinza. Ele claramente era o alfa: energético, orgulhoso, cutucava e empurrava os outros para chegar à teta da mãe. Meu avô, que sempre foi muito ligado nas diferentes energias de cada animal, viu que o filhote branco era um líder e ficou impressionado com sua força. Perguntou ao vizinho se havia interesse em trocá-lo por um porco quando ele estivesse grande o suficiente para abandonar a mãe, e o homem concordou.

Por que meu avô batizou o novo cachorrinho de Paloma, que em espanhol significa "pomba", eu nunca soube. Em outros idiomas, parece um nome feminino, mas as palavras em espanhol valem para ambos os gêneros. Talvez Paloma tenha feito meu avô lembrar de uma pomba branca.

Ninguém é melhor do que o outro

Na fazenda, meu avô, meu pai e os outros empregados trabalhavam em harmonia com os animais. Eles eram parte do que fazíamos. Os cachorros não moravam na casa; não lhes dávamos petiscos nem banhos de espuma. Mas, ao mesmo tempo, eram parte da família. Imagine um grupo de parentes que mora na casa ao lado e que está em completa sintonia com você e sua vida, mas tem seus próprios rituais, costumes e cultura. Era mais ou menos assim que funcionava.

Os cachorros até falavam nosso idioma. Não quero dizer o espanhol, mas o idioma da energia. Estavam sincronizados.

Não havia discriminação, hierarquia ou superioridade; todos sentíamos profundo respeito uns pelos outros e confiávamos que tínhamos o mesmo objetivo. Não havia um sentimento de que a galinha valia menos que o gato, que o gato valia menos que o cachorro, ou que o cachorro valia menos que o cavalo, porque cada um tinha seu propósito.

Ao contrário dos donos de animais com quem trabalhei desde que vim para os Estados Unidos, meus parentes não diziam para os animais que os amavam. Apesar de Paloma nunca sair de perto do meu avô, ele não deixava o cachorro dormir na sua cama nem lhe dava petiscos ou brinquedos. Em vez disso, ele o respeitava, sempre mostrando sua gratidão, certificando-se de que a matilha tivesse comida, água e abrigo. Por sua vez, Paloma inspirava o respeito de vovô ao permanecer consistente, confiável e atento a qualquer necessidade de sua família humana. Em minha opinião, o respeito é uma forma poderosa de amor.

Meu avô me ensinou que sempre é necessário confiar no seu animal; é preciso respeitá-lo. Quanto mais você precisa dele, mais respeito deve ter por ele. Pense nisso. Se você não tiver uma corda para prender seu burro perdido, tudo que pode fazer é inspirá-lo a se aproximar por meio da confiança e do respeito. Quando se ganha a confiança de um animal, o sentimento se torna uma corda, mas não uma que se utiliza de força. A confiança é a corda da cooperação.

O cão é o animal mais fiel, e seria muito valorizado se não fosse tão comum. Nosso Senhor Deus permitiu que um dos Seus maiores presentes fosse o mais corriqueiro.

— Martinho Lutero

Aprenda com seus erros

Quando se vive numa comunidade cooperativa como a fazenda do meu avô, cometer um erro é algo sério, e as consequências podem ser graves. Eu era um menino cheio de energia, é claro, curioso e travesso. Deixava minha mãe louca, sempre querendo entender o motivo por trás de tudo; vivia perguntando "Por quê?". É normal que crianças façam bobagem e testem seus limites — e eu não era diferente.

Certo dia, quando tinha uns 6 anos, briguei com minha irmãzinha. Mamãe ficou do lado dela, o que me deixou furioso. Saí de casa injuriado, pretendendo fugir para os campos onde meu pai e meu avô trabalhavam.

Enquanto eu me distanciava da casa, passei do lado do nosso cavalo, que estava amarrado do lado de fora. Ele sentiu minha raiva na mesma hora e começou a se remexer e coicear. Então, segui minha marcha emburrada até o pátio onde ficavam as galinhas, que ciscavam com tranquilidade. Assim que me aproximei, elas também perceberam meu humor e trataram de sair do caminho, nervosas. O galo cantou, balançou as asas e saiu correndo atrás de mim. Finalmente, cheguei ao burro, que bebia água de uma calha comprida ao lado do caminho para os campos. O burro era o único animal que eu tinha permissão para montar, então subi no seu lombo e lhe dei um chute para que andasse. Ele — um dos animais mais tranquilos e bonzinhos do mundo — começou a pinotear e quase me derrubou. Então, se recusou a sair do lugar.

Eu não cheguei aos campos naquele dia. Simplesmente fiquei esperando, me chafurdando na autopiedade, até ver Paloma surgir na colina com meu pai e meu avô enquanto voltavam do trabalho, para o jantar. Corri até vovô e lhe contei sobre como tinha sido injustiçado — como até os animais não me deixaram sair de perto da casa. A resposta que recebi foi uma risadinha.

"Não importa se sua irmã estava certa ou não", disse ele. "Mas a forma como você reagiu foi muito errada. A fazenda inteira foi contaminada pela sua raiva. Os animais estavam tentando lhe corrigir. Mas você não prestou atenção. Não respeitou o que lhe diziam sobre seu próprio comportamento."

Meu avô me fez compreender que, como uma pedra jogada em um lago, meu plano de fuga e minha raiva criaram uma onda de negatividade na energia da fazenda. Compartilhar esse tipo de energia destrutiva com os animais quebra os laços de confiança e respeito que são tão essenciais num sistema interconectado. Quando você não transmite confiança aos animais, eles tentam corrigi-lo (às vezes com o uso de força), fogem ou procuram espantá-lo.

"Nunca coloque a culpa nos animais", dizia sempre meu avô. "Se eles estiverem aprontando, é por causa de alguma atitude sua. É preciso sempre respeitá-los, porque você é responsável por eles."

Com o tempo, entendi o que eu tinha feito de errado: desrespeitei o equilíbrio e a interdependência que eram as engrenagens da fazenda. Qualquer errinho num mundo simbiótico ameaça a segurança de todos. É claro, eu era jovem, inexperiente. Porém, graças ao meu avô e aos animais da fazenda, logo aprendi a controlar meu comportamento e meu humor.

Dos arquivos científicos

No mundo canino, respeito significa jogar limpo

Depois de anos pesquisando o comportamento de cães, lobos e coiotes, o etologista Marc Bekoff concluiu que "jogar limpo" e transmitir suas intenções de forma clara são os motivos pelos quais sociedades caninas funcionam tão bem: a honestidade e uma comunicação transparente e sincera são atributos do respeito mútuo.[1]

Por exemplo, quando cães e lobos brincam, instintivamente tentam equilibrar suas condições: um lobo maior não vai morder o menor com toda sua força, enquanto um cão dominante na matilha vai rolar e expor a barriga para outro que tenha um status menor. Ambas as ações sinalizam "Estamos só nos divertindo — isto não é sério". Além do mais, se um cachorro se empolgar e acabar machucando sem querer o colega de brincadeira, ele vai sempre "pedir desculpas", baixando a cabeça num gesto que o outro reconhece como "Opa! Foi mal! Vamos voltar a brincar".

Ao deixar claro seu respeito mútuo durante momentos de diversão, os cachorros e os lobos mantêm suas matilhas estáveis e reduzem os conflitos ao máximo. Por isso, Bekoff acredita que tal comportamento social respeitoso pode nos ajudar a compreender melhor as raízes de nossa moralidade humana — em parte devido à nossa habilidade excelente de cooperarmos uns com os outros.

Trabalho em troca de comida

Nos meus livros e programas de televisão, sempre enfatizo que os cachorros — na verdade, todos os animais — têm a necessidade inata de trabalhar para obter comida e água. Nós, seres humanos, também somos assim. Como já mencionei, todos na minha família trabalhavam, fossem cavalos, cachorros ou humanos.

Mas havia épocas na fazenda em que a comida era escassa. Às vezes, minha mãe precisava fazer uma sopa de feijão ser o suficiente para alimentar seis pessoas. Quando a colheita era ruim, tudo que eu recebia era uma tortilha e uma tigela de sopa para o dia todo. Quase nunca falo sobre minha fome quase constante. Aquela sensação de vazio na barriga, como se tivesse levado uma facada, me deixava irritado e impaciente, e tinha dias em que eu criava problemas. Mesmo adulto, a sensação de fome traz de volta aquela raiva. Preciso me controlar e me lembrar de permanecer no presente, para não ser sugado de volta à sensação de "ânsia" do passado.

Na fazenda, quando os humanos passavam fome, os cachorros também passavam. As galinhas se contentavam com minhocas, insetos ou grãos; os cavalos, as mulas e as vacas comiam grama. Mas os cachorros dependiam dos nossos restos — carne e feijão e tortilhas.

Quando nossas despensas estavam vazias, Paloma guiava os outros cães para buscar alimentos pelo terreno. Não havia muitas opções. Com sorte, encontravam um coelho, um peixe, um pássaro ou uma tartaruga. Mas, ao contrário de mim, os cachorros nunca se irritavam diante da fome. Não faziam manha nem reclamavam; não descontavam sua frustração em nós. Eles iam trabalhar todos os dias. Tomavam conta dos filhotes. Tinham total liberdade de ir e vir conforme quisessem, mas queriam trabalhar e nos ajudar. Diferentemente de seus equivalentes humanos, eles não chegavam atrasados, não faziam as coisas de qualquer jeito ou tiravam dias de folga. Todos os cachorros compreendiam seu valor para a fazenda, e isso fazia com que gostassem dos seus deveres.

Eu me admirava com sua paciência, dedicação e consistência. Como não respeitar essa ética de trabalho?

COMO OS CACHORROS DEMONSTRAM RESPEITO

- Ao reconhecer e respeitar proximidades (isto é, o espaço pessoal ou "território" de outro animal).
- Ao instituir uma forma estruturada e educada de se aproximar uns dos outros.
- Ao honrar a posição e as habilidades de cada animal na matilha; do cachorro com pouca energia na retaguarda, ao sujeito alegre no meio, até o alfa superior na dianteira, eles entendem que todas as posições são importantes.
- Ao concordar em assumir o papel de seguidor ou líder.

A hierarquia do respeito

Em uma matilha de cães, há três posições — a dianteira, o meio e a retaguarda —, e cada uma tem um papel crucial para a sobrevivência do grupo. O cachorro na dianteira é o líder. Como Paloma, trata-se de um animal curioso, calmo, assertivo e confiante. Ele lidera a matilha não só no dia a dia, mas também em aventuras novas e empolgantes. O cachorro no meio é tranquilo e feliz. Ele mantém o ritmo da matilha. E o que fica na retaguarda é sensível. É observador, alerta, muito ciente do ambiente ao redor, incluindo perigos em potencial.

Como os cachorros não vivem tanto quanto nós, e por eu estar sempre conhecendo e trabalhando com novos seres caninos, minha matilha vive em constante transição hoje em dia. Gosto de manter a matilha "de casa" pequena e controlável. No momento, ela consiste em seis cães, pequenos em maioria. O líder respeitado é Coco, de 14 anos, um chihuahua que cresceu com meu filho mais novo, Calvin, e tem a mesma personalidade tranquila e confiante. Apesar de sua idade, o determinado Coco ainda impera. Ele me acompanhou durante muitas transformações em minha vida, então temos um laço especial — embora o posto de seu humano favorito sempre vá ser ocupado por Calvin. Os dois são tão próximos porque realmente são almas gêmeas. Se Calvin fosse cachorro, ele seria Coco, e vice-versa.

Também à frente da matilha está Benson, um lulu-da-pomerânia adorável que parece com uma bola de pelos louro-platinados. Mesmo pesando apenas dois quilos, Benson tem muita personalidade e nasceu para ser líder. Ele é forte, determinado, confiante e cheio de energia, sempre pronto para uma aventura — ainda mais se envolver sua coisa favorita: água! Observando-o mergulhar e nadar na piscina do quintal, sempre penso que ele é um golfinho no corpo de cachorro.

Em seguida, temos Junior, meu pit bull "blue nose" musculoso, atlético e de pelos cinza. Não há dúvidas de que é um cão do meio da matilha: tranquilo, contente e cheio de energia. Ele não tem interesse algum em liderar; se puder continuar brincando, não vê qualquer problema em obedecer aos outros. Brincar, brincar, brincar — para Junior, o mundo é uma brincadeira enorme e maravilhosa, e tudo é brinquedo. Ele não se importa com quem vai ganhar o jogo, contanto que possa participar. Mas, quando preciso que ele se acalme e se comporte de forma submissa, sempre me obedece, porque sabe que vai poder voltar a se divertir com sua bola em breve.

Devido ao seu temperamento tranquilo, Junior é meu braço direito: o cão que me ajuda a reabilitar animais desequilibrados, dentro e fora dos programas de televisão. Ele é incrivelmente dócil e gentil, e sempre viaja comigo. Junior tem a personalidade do bichinho de estimação dos sonhos de toda criança: é brincalhão, obediente e afetuoso.

Alfie, um misto de yorkshire terrier dourado, é outro camarada da matilha. Igualmente a Junior, ele é tranquilo, estável e completamente inabalável. Sua missão na vida é ficar grudado a mim ou à minha noiva Jahira e nos seguir a todo canto — o que, como qualquer amante de cachorros sabe, é a melhor sensação do mundo. Assim como Junior, Alfie é o melhor tipo de assistente que se pode ter. Ele é muito sensível às necessidades dos humanos e cachorros ao seu redor. Há quem diga que os cães são anjos com quatro patas e um rabo — e Alfie faz jus a essa teoria. Quando fazemos contato visual e o sinto criando uma conexão profunda e amorosa comigo, me vem à mente a forma como minha mãe olha para os filhos: com um amor simples, puro e incondicional.

Na retaguarda da matilha está o pug preto que chamamos de Gio — seu nome vem do "Geo" de "National Geographic", mas, por diversão, lhe demos uma grafia diferente. Gio é o palhaço da família, sempre nos fazendo rir com suas trapalhadas acidentais ou planejadas. Ele também pode parecer um pouco indiferente, e seu comportamento lembra o de um gato quando se trata de se aconchegar com a gente no sofá ou conhecer novas pessoas. Ele não é medroso, mas cauteloso. Gio lhe oferecerá respeito e afeição — mas apenas se você fizer por onde.

Finalmente, há o pequeno chihuahua com olhos de contas, Taco, que resgatamos das ruas do México. Ele só tem 4 anos, mas sua sabedoria vai além da idade. Às vezes, encontramos essa característica em cães que compõem a retaguarda da matilha; eles podem ser tímidos ou até um pouco desconfiados com pessoas e situações desconhecidas. Mas sempre estão muito cientes de tudo que acontece ao redor e são observadores e avaliadores atentos de outros cachorros ou humanos. Essa é a descrição perfeita de Taco.

Todos os dias, enquanto observo essa gangue de cães brincando em meu quintal ou no Centro de Psicologia Canina, lembro-me de como o respeito é crucial para todas as suas interações. O líder da matilha respeita os que estão no meio, e os que estão no meio respeitam os que estão atrás, e os que estão atrás respeitam os que estão na frente, porque cada posição oferece algo essencial para as outras. Por causa desse respeito mútuo, é raro acontecer um conflito que não seja resolvido rapidamente entre si. Eles são a prova viva de como o respeito ocorre de forma natural no reino animal — sendo a exceção, talvez, entre os seres humanos do século XXI.

Respeito no mundo humano

Como podemos nos inspirar a ter mais respeito uns pelos outros? A resposta está em nossa capacidade de gerar confiança. Apesar de nossa espécie não ter feito um bom trabalho nesse aspecto nos últimos tempos, nossos cachorros são mestres da prática.

Tenho medo de que, na era moderna, o respeito tradicional esteja sendo substituído por uma admiração por riqueza e excesso, e igualado à quantidade de "amigos" ou "curtidas" ou "seguidores" que juntamos nas redes sociais. É um cenário muito triste.

No mundo animal, os cachorros demonstram respeito usando linguagem corporal. O desrespeito pode resultar em brigas ou na exclusão da matilha. No mundo humano, nós nos tornamos tão tolerantes com o desrespeito que é comum não haver consequências para ele. É de se admirar que algumas crianças hoje em dia sejam rebeldes e instáveis?

A forma como fui educado tornava inconcebível a ideia de desrespeitar um líder ou os mais velhos; aos 46 anos, ainda tenho o hábito de chamar pessoas de idade mais avançada de "senhor" e "senhora". Mas não vejo o mesmo tipo de reverência em meus próprios filhos, Andre e Calvin, atualmente com 21 anos e 18 anos, respectivamente — pelo menos não da forma que meus pais e avós recebiam. Até hoje, uso um tom respeitoso com meu pai. Por causa da natureza de seu papel em minha vida, certas palavras nunca sairão dos meus lábios, e jamais farei certas coisas em sua presença. Foi assim que fui criado.

DOS ARQUIVOS DOS FAMOSOS

O bilionário

Nós do mundo humano com frequência prestamos respeito a pessoas que têm poder e riqueza — mesmo que elas sejam completamente instáveis em suas vidas diárias. Os cachorros, no entanto, não se importam com seu tipo de emprego, quanto dinheiro você ganha ou se você tem um iate.

Vejamos o caso do "Sr. B", um dos meus clientes que é um famoso bilionário. Ele queria cachorros para proteção pessoal e companhia, então comprou dois pastores alemães de um dos melhores criadores e adestradores da Alemanha.

O Sr. B me chamou porque estava preocupado por um de seus cães, Max, parecer estar se afastando. Durante anos, os dois tiveram um relacionamento muito próximo e amoroso. Então, de repente, Max se tornou frio, indiferente e relutante em demonstrar afeto.

Descobri que o primeiro parceiro canino de Max, Rolf, tinha morrido recentemente, e o Sr. B o substituíra por um novo cão, Bruno. E Bruno logo se tornara o mais próximo do dono.

Entendi o problema na mesma hora: era apenas uma questão de respeito. Bruno era um cão muito dominante e assumiu a posição de líder da matilha — tinha passado a ocupar um status ainda mais importante do que o do próprio Sr. B! Max, como qualquer cachorro faria, estava apenas sendo respeitoso com o novo líder, ficando longe da sua "propriedade", que, no caso, era o Sr. B.

Apesar de ser respeitado no mundo dos negócios, o Sr. B não entendia a importância do respeito no mundo canino. Quando lhe mostrei como usar energia e linguagem corporal para recuperar seu papel como líder da matilha, Max parou de tratar Bruno como seu chefe, e os dois passaram a respeitar o dono. Max também voltou a ser afetuoso com o Sr. B.

Para ganhar o respeito de qualquer cão, você deve fazer por merecer. E, no mundo canino, é o respeito que impulsiona o comportamento.

Já criei muitos cachorros perfeitos, mas criar filhos perfeitos ainda é um mistério para mim. Parando para refletir, às vezes acho que eu e minha ex-mulher não impusemos regras e limites suficientes para os meninos. Claro, eles cresceram em um mundo muito diferente do que vivi na infância — e é óbvio que viviam testando seus limites, assim como eu fazia na fazenda do meu avô.

Eu e minha ex-mulher sempre tentamos ser os melhores pais possíveis, mas com frequência discordávamos de como criar e disciplinar nossos filhos. Fui educado por um pai muito rígido — algo comum no México. Minha ex, criada em Los Angeles, estava acostumada com os modos americanos, em que uma rigidez excessiva é vista como problemática para o desenvolvimento emocional das crianças. A cultura ao redor era outro complicador, incentivando e celebrando hábitos mais permissivos. Andre e Calvin nunca conheceram um mundo diferente desse.

A diferença entre nossas culturas e nossa concepção sobre como criar filhos causou muita tensão na família. Tenho certeza de que não fomos os únicos a passar por algo assim. Afinal, crianças não vêm com um manual de instruções, e sem dúvida são bem mais difíceis de educar do que cachorros! Meus filhos aprenderam que, na presença da mãe, podiam fazer certas coisas que eu não permitia. Por exemplo, eu achava que os meninos deviam realizar tarefas domésticas e ter um cronograma para o fim de semana. Assim que tivessem idade suficiente, queria que arrumassem empregos para desenvolverem uma ética de trabalho. Minha ex-mulher achava que eles deviam aproveitar a liberdade da infância até entrarem para a faculdade. Para ela, um diploma de terceiro grau era essencial.

Esse era outro ponto em que discordávamos: eu não estava convencido de que o ensino superior devia ser obrigatório para eles. Apesar de nenhum dos meus filhos ter planos de se inscrever numa faculdade num futuro próximo, é óbvio que eu ficarei emocionado e muito orgulhoso se eles decidirem seguir esse rumo. Sempre os encorajei a serem curiosos, a nunca pararem de aprender e a lerem tudo que encontrassem pela frente.

Mas, talvez por conta de minha própria experiência de vida, não acho que a faculdade seja um requisito para o sucesso. Acredito que, ao seguir suas paixões e seus instintos, você só precisa trabalhar duro para ter sucesso; se um curso universitário fizer parte desse plano, ótimo. Resumindo: sempre quis que a decisão de fazer faculdade coubesse apenas aos meus filhos.

Porém, quando Andre e Calvin eram mais novos, eu achava que havia necessidade de incutirmos mais regras claras sobre nossa vida em família, assim como consequências de verdade se elas fossem quebradas. Minha ex-mulher não gostava muito de castigos e preferia conversas e discussões em grupo. Acho que nossos filhos ficaram confusos, e às vezes até tiraram vantagem das filosofias diferentes dos pais para conseguirem o que queriam.

*É raro que cachorros inteligentes queiram
agradar pessoas que não respeitem.*

— William R. Koehler, adestrador de cães

Respeite os outros para que possa ser respeitado

Acredito que certo grau de respeito e reconhecimento de papeis seja necessário em qualquer grupo para a manutenção da ordem, assim como acontece em uma matilha. Se você não respeita seus pais quando é pequeno, como vai respeitar seus professores quando for maior? Seus chefes? Seus amigos? Seu cônjuge? É fundamental que as crianças aprendam a ter respeito, porque, assim como no mundo animal, ele é uma via de mão dupla. Os filhotes aprendem a respeitar as mães quando têm apenas duas semanas de vida. As cadelas carregam os pequenos pela nuca, ou os cutucam com o focinho quando fazem algo que lhes pareça errado.

Fico orgulhoso de ver meus meninos — agora rapazes — se tornarem seres humanos especiais e incríveis. E me sinto feliz quando vejo que seguem algumas das lições que lhes transmiti sobre respeito, agora que são capazes de compreendê-las com mais maturidade. Na pré-adolescência, quando se interessavam mais em impressionar os amigos do que ouvir aos pais, Andre e Calvin achavam que meu trabalho era banal e fácil. "O que nosso pai faz na TV é bobagem", diziam para os colegas, apesar de eu saber que não falavam sério. Hoje em dia, os dois têm um respeito profundo pelo que conquistei com meu trabalho na televisão: educando pessoas, mudando comportamentos e abrindo mentes. Foi só depois de desenvolver esse respeito que os dois também se interessaram em usar a mídia televisiva para se expressar.

E esse interesse valeu a pena. Calvin agora é a estrela de seu próprio programa infantil, *Mutt & Stuff*, que já foi indicado ao Emmy, e Andre está prestes a lançar um novo projeto na televisão. Os dois carregam muita responsabilidade em seus ombros jovens, e o fazem com muita segurança. Nunca imaginei que meus meninos seguiriam meus passos de forma tão direta, mas me sinto honrado e emocionado em ser parte disso.

Respeito e conexão

Paloma me ensinou que o respeito pelos outros é fundamental para desenvolver caráter. No mundo dele, a espécie não importa, assim como o gênero, a raça e as crenças. Para os cães, o que importa é que todos façam seu trabalho e honrem sua posição na matilha.

A lição que aprendi é que, quando respeito as pessoas e os cachorros na minha vida, mostro que estou conectado a eles. É essa conexão que nos permite trabalhar juntos e desenvolver uma confiança mútua: o elo que une qualquer matilha.

Também é isso que nos permite colaborar em prol de algo maior que nós mesmos — seja montar a árvore de Natal da família, dividir tarefas numa fazenda ou trabalhar com uma equipe diversa num programa de televisão. Quando me lembro de colocar o respeito em primeiro lugar, me sinto mais leve, e tudo que faço se torna mais fácil e apresenta melhores resultados.

Mais de quarenta anos atrás, um belo cachorro branco mexicano chamado Paloma olhou nos olhos de um garotinho curioso. Naquele momento de respeito e conexão, as sementes da pessoa que me tornei foram plantadas. Às vezes, penso que, se mais pessoas no mundo tivessem a oportunidade de aprender com um professor como Paloma, a Terra seria um lugar mais gentil e pacífico para todos nós.

Para mim, a beleza orgulhosa e a postura firme daquele cão ao liderar sua matilha sempre serão a epítome do que significa respeitar e ser respeitado. Apesar de eu estar longe de ser perfeito (como meus filhos costumam me lembrar) e às vezes voltar a me comportar como aquele menino orgulhoso e rebelde que habita todos os homens, sempre tento demonstrar o mesmo nível de respeito a meus cachorros, minha família, meus colegas de trabalho e meus fãs que gostaria que demonstrassem a mim. Tento manter em mente que, de forma simbólica, todos trabalhamos na mesma "fazenda" — e se vivermos dessa forma, é muito provável que nossos esforços compartilhados sejam um sucesso.

Lição canina Nº 1

Como praticar o respeito

- Fique atento aos outros. Prestar atenção estabelece uma comunicação e faz com que as pessoas sintam que estão sendo ouvidas. Você pode não concordar com elas, mas pelo menos escuta o que têm a dizer. Isso é respeito.
- Sempre reconheça a contribuição dos outros, não importa o tamanho dela.
- Deixe as pessoas serem quem são. Não as julgue ou tente mudá-las.
- Cumpra sua palavra. Faça o que prometeu que faria. Honestidade gera respeito.

Lição 2: Liberdade

*Ser livre não é apenas se livrar das correntes,
mas viver de forma a respeitar e acentuar
a liberdade dos outros.*

— Nelson Mandela

Ele era uma bolinha de pelo bege com orelhas pontudas como as de um chihuahua, o corpo baixo e desmazelado de um corgi, e olhos castanhos carinhosos e encantadores. Seu nome era Regalito, e eu nunca vou esquecê-lo.

Regalito foi meu primeiro cachorro de estimação. Ele me ensinou uma das lições mais cruciais que aprendi na vida: a necessidade de liberdade. Com Regalito, descobri que, para um cachorro ter um temperamento e um comportamento equilibrados, é fundamental que ele se sinta livre. O que também é fundamental para todos os seres humanos.

O que é "liberdade"? A palavra tem um significado diferente para cada pessoa. Para mim, aos 21 anos de idade, liberdade era me mudar para outro país e seguir meus sonhos. Para outra pessoa, liberdade pode ser largar um emprego frustrante ou poder se casar com quem quiser. Seja lá qual for a sua definição, você vai acabar descobrindo que, se não buscar realizá-la, será incapaz de ter uma vida completa.

Êxodo

Já mencionei que minhas lembranças mais felizes da infância aconteceram na fazenda do meu avô, em Culiacán. Mas não gosto muito de falar sobre o período depois que papai decidiu mudar a família para a cidade de Mazatlán, quando eu tinha 6 anos. Com mais de quatrocentos mil habitantes, era uma metrópole enorme para nós — um lugar que nem conseguíamos imaginar. Meus pais sentaram comigo e com minha irmã Nora e nos disseram que logo trocaríamos os grandes espaços abertos — as vastas extensões de céu, as colinas verdejantes e os prósperos campos dourados — por um pequeno apartamento de dois cômodos em um prédio apertado de dois andares.

Fiquei arrasado. Imagine um animal selvagem que, de repente, descobre que será enviado para o zoológico; foi assim que me senti. O que piorou ainda mais a situação foi que eu era o motivo pelo qual meus pais decidiram partir. Como o único filho homem da minha família mexicana tradicional e patriarcal, eu era considerado a criança mais importante. Meu avô nunca estudou, e meu pai só frequentou a escola até a terceira série. Ele não queria que seu único menino fosse ignorante ou analfabeto (meu irmão mais novo, Erick, só nasceu quando eu tinha 11 anos). Não havia como receber uma educação formal na fazenda.

Lembro-me de ter sentido um aperto do peito enquanto observava meu pai carregar todas as nossas coisas para a picape grande do vovô. Precisei segurar o choro. Por que era tão importante que eu fosse à escola? Já vivia na melhor sala de aula do planeta — o mundo natural me ensinaria mais do que qualquer colégio! É claro, minha família não via as coisas dessa forma. Papai tinha conseguido um bom emprego como fotógrafo e operador de câmera no canal de notícias local em Mazatlán, e havia um apartamento alugado nos esperando. Não adiantava fazer manha ou reclamar. Nós realmente iríamos embora.

No dia de nossa partida, vovô me viu emburrado. Quando eu estava entrando na picape, ele saiu da casa carregando algo nos braços. Era Regalito. Regalito significa "presentinho" em espanhol — um nome apropriado para o cachorro, já que é uma tradição mexicana dar presentes quando as pessoas chegam ou quando partem.

Regalito era o presente de vovô para mim. Ele se juntou ao grupo na picape, que incluía os pássaros de estimação de papai — dois papagaios verdes — e algumas galinhas que mamãe e Nora tinham prendido em uma gaiola. Acho que, cada um a seu modo, queríamos manter o rancho por perto em nossas novas vidas. Regalito seria o pedacinho especial da fazenda que eu levaria comigo.

Em retrospecto, não acho que meu avô tenha me dado o cachorro porque achou que eu sentiria falta da vida no campo. Acho que foi sua forma de dizer que teria saudade de mim. Antes de vir para os Estados Unidos, eu nunca tinha recebido demonstrações físicas de afeto. Aqui, todo mundo se beija e se abraça — até no trabalho! De onde eu vim, o amor não era declarado, mas sempre podia ser reconhecido. A versão do meu avô de um abraço foi me dar Regalito como presente de despedida.

Quase uma viagem de férias

Quando chegamos à cidade, minha melancolia rapidamente virou animação. Era empolgante estar no meio de tanta agitação. Parecia haver um milhão de carros nas ruas principais — de marcas e modelos que eu nunca tinha visto. Havia lojas em todos os quarteirões, e feiras coloridas ocupando as ruelas com uma variedade infinita de produtos. Havia até um oceano azul cintilante que marulhava ao longo de uma praia de areia dourada — algo que eu nunca vira antes. Para meus olhos jovens, tudo era novo e maravilhoso. Pelo menos por um tempo, nossa nova vida parecia uma viagem de férias.

Meu pai começou no emprego novo, e eu fui para o primeiro dia de aula, em uma escola que obviamente estava fora da minha zona de conforto. Era terrível ficar preso o dia todo. Minha mãe também lutava para manter o apartamento arrumado e para cuidar das crianças e dos animais. (Imagine só, ela precisava fazer todas as tarefas domésticas, além de limpar a bagunça dos papagaios, dos cachorros e de todas as galinhas para a casa não ficar fedida.) Além disso, ela começou a costurar para fora, porque precisávamos de uma renda extra.

No fim das contas, viver em Mazatlán era bem caro. Na fazenda, nós produzíamos e colhíamos quase todo o nosso alimento, então, mesmo durante as épocas mais difíceis, mamãe sempre conseguia dar um jeito com o que tínhamos.

Mas isso era impossível na cidade. Em nosso pequeno apartamento — com apenas dois cômodos: uma sala/cozinha e um quarto —, o máximo que podíamos fazer era manter as galinhas chocadeiras no corredor já lotado. Não podíamos mais plantar nossos próprios legumes e frutas, portanto quase tudo o que comíamos precisava ser comprado no mercado. Era verdade que o supermercado, com suas prateleiras cheias de comida, era fascinante por si só. Mas meus pais não tinham se dado conta de quanto custaria bancar nossa vida ali. Comíamos muito cereal, tortilhas e bananas. Quase nunca tínhamos dinheiro para comprar carne — um pernil de porco ou frango eram iguarias de Natal. Carne era para os ricos. Enquanto algumas pessoas optam por seguir uma dieta vegetariana hoje em dia, era assim que minha família comia o tempo todo na época. Nós não éramos "vegetarianos" — comíamos apenas legumes porque não tínhamos dinheiro para mais nada.

Mas não era a comida ou a falta de dinheiro que me incomodava. Era a perda de liberdade que fazia eu me sentir ansioso, encurralado e limitado.

Quando o deslumbramento com a nova vida passou, comecei a reparar em todas as coisas que eu odiava na cidade. Para começar, havia o barulho: a falação constante dos vendedores nas ruas, a explosão das buzinas de carros, os dramas infindáveis em altos decibéis nos apartamentos vizinhos. As paredes eram finíssimas, e, como não tínhamos ar-condicionado, ficávamos sempre com as janelas abertas, o que significava que ouvíamos todas as portas que batiam, todos os pratos que caíam, cada grito de alegria ou urro de raiva. Eu sentia falta das noites escuras na fazenda, onde, às vezes, os únicos sons eram as canções suaves dos grilos e o coaxar dos sapos. Muitos dos adultos em nosso condomínio saíam para beber nos fins de semana e voltavam para casa aos berros, se comportando como loucos. Eu nunca tinha visto alguém bêbado antes, e a visão de homens adultos cambaleando e murmurando coisas estranhas era bem assustadora.

Mas o pior de tudo era que, em vez de a cidade expandir meu mundo, como sempre acreditei que aconteceria, minha vida parecia se tornar cada vez menor. Havia tantos crimes — inclusive descarados. Sempre ouvíamos histórias sobre drogas e sequestros, e minha mãe morria de medo de algo acontecer conosco. Ela se tornou excessivamente protetora. Estabeleceu limites rígidos sobre aonde podíamos e não podíamos ir antes e depois da escola, e meus pais me puniam de verdade se me pegassem desobedecendo. Eu desobedecia o tempo todo. Não fazia parte da minha natureza ficar preso.

> *É melhor ser um cachorro livre*
> *do que um leão enjaulado.*
>
> — Provérbio árabe

A vida no canil

Considerando que eu me sentia preso, imagine o que Regalito achava da mudança. Ele era um filhote que só conhecera a vida no campo e a presença constante e tranquilizante de sua matilha. Apesar de seu rabo balançar loucamente quando eu voltava da escola para brincarmos, ou quando minha mãe lhe dava um raro pedaço de frango, estava claro que ele se sentia entediado e frustrado.

Regalito começou a exibir o comportamento que hoje sei ser sinal inconfundível de um cachorro infeliz. Ele destruía os móveis e latia o tempo todo. Pulava na janela, desesperado para ver o lado de fora. Nós morávamos no segundo andar, então não havia muito o que ver. Em resumo, ele vivia no equivalente a um canil. E eu também me sentia vivendo em um.

Logo aprendi que, para os animais, a cidade é um lugar difícil. Seus habitantes tratavam os cães com bem menos respeito do que meu avô. Na fazenda, os cachorros trabalhavam junto com os humanos, como nossos companheiros e ajudantes. Na cidade, eles rondavam as ruas em matilhas, roubando alimentos e comendo lixo. Eram considerados um estorvo. As pessoas jogavam coisas neles. Era irônico — no campo, os cães eram socializados e educados de forma tranquila; mas, na cidade, praticamente voltavam às origens selvagens.

Nunca vou me esquecer da primeira vez em que vi um cachorro no telhado. Este era outro costume estranho das pessoas da cidade. A maioria dos topos dos prédios de Mazatlán é reto; quando um desconhecido anda pela rua em qualquer bairro mais pobre, imediatamente é assolado pelo latido escandaloso dos cães que patrulham os telhados. Esta é basicamente a função dos cachorros em Mazatlán: agir como um sistema de alarme barato.

O problema é que esses animais passam a vida inteira lá em cima. Eles não conseguem descer sozinhos, e, a menos que um humano tenha compaixão, não podem ir a lugar algum. No telhado, ficam frustrados; andam em círculos em seu território minúsculo, espiando as bordas, rosnando e latindo para qualquer coisa fora do comum. Como o telhado também é o lugar em que famílias pobres, como era o caso da minha, penduram a roupa para secar, esses cachorros podem se tornar destrutivos. Sua energia acumulada faz com que arranquem as roupas da corda e as dilacerem. Como as pessoas nas ruas, os donos dos prédios logo começam a vê-los como um aborrecimento, e os tratam assim. Em Mazatlán, ninguém respeitava os cães.

Sendo assim, nossos vizinhos nos achavam muito excêntricos por manter um cachorro *dentro* do apartamento. Dava para entender as galinhas e os papagaios, mas um cachorro? Apesar de eu ter permissão para levar Regalito para passear na praia em alguns fins de semana ou deixá-lo correr e brincar no telhado para fazer exercício, ele passava a maior parte do tempo dentro de casa, no corredor de nosso apartamento minúsculo.

Como eu era jovem e estava acostumado com a liberdade natural dos cachorros na fazenda, não entendia a necessidade de levar Regalito para passear. (Afinal, nunca tinha visto alguém passeando com um cachorro em Mazatlán.) Além do mais, as calçadas eram estreitas demais, e os carros na nossa rua passavam muito perto das casas. Como mamãe temia pela minha segurança, eu não podia andar sozinho pela cidade. O resultado foi que, com o passar dos meses, Regalito ficou cada vez mais nervoso e neurótico.

Apesar de estarmos criando uma nova vida para nossa família na cidade, acho que cada um de nós tentava recriar a existência mais simples e natural que tínhamos na fazenda. Eu era o mais esforçado, mas não estava dando certo. Era preciso aceitar a nova situação, mas, em vez disso, eu lutava contra ela. Acabei ficando igual a Regalito, esgoelado de tanto reclamar e pulando para ver a janela. Ou como um dos cachorros de telhado, preso sobre as ruas, com apenas a roupa na corda para se divertir.

Em retrospecto, fico impressionado com a semelhança entre minha vida e a de Regalito e de todos os cães solitários nos telhados de Mazatlán. Assim como eles, eu estava preso numa jaula física e psicológica — reprimido — e sentia que nunca mais seria possível ser eu mesmo, agir de acordo com minha personalidade verdadeira. Enquanto observava aqueles cachorros descontarem suas frustrações zanzando de um lado para o outro, pulando e latindo, também comecei a aprontar, mas de formas diferentes.

Durante aquela época, meu pai passava quase o tempo todo no trabalho. Praticamente não o víamos. Certo dia, mamãe queria que eu me comportasse melhor, então disse: "Agora você é o homem da casa." Aposto que ela logo se arrependeu disso, porque não interpretei a responsabilidade de um jeito positivo. Passei a agir como um jovem Napoleão e comecei a querer controlar tudo. Usava isso como desculpa para implicar com minha irmã Nora. Eu a provocava, pregava peças nela e, no geral, tornava sua vida insuportável. Meus pais sabiam que precisavam dar um jeito em mim.

Hoje, quando meus clientes têm um cachorro que começa a se comportar mal devido a tédio ou frustração — em outras palavras, por falta de liberdade — geralmente recomendo que canalizem essa energia acumulada de forma positiva e saudável. Fazer os cachorros correrem ao seu lado enquanto você anda de patins ou de bicicleta, levá-los para nadar ou numa longa caminhada por uma trilha das montanhas, introduzir atividades agitadas como competições ou treinos de agilidade — essas são maneiras de ajudar os cães a terem um gostinho da liberdade que desejam, mas de forma estruturada e ordenada.

Meus pais fizeram algo semelhante quando começaram a ver que eu estava externando minhas frustrações com a vida na cidade de forma negativa. Eles me inscreveram num programa de treino de agilidade para humanos: o caratê. A partir dos 7 anos, comecei a fazer aulas depois da escola, e isso se tornou uma válvula de escape real para minha energia, e também me trouxe a disciplina e a estrutura necessárias para eu dar prioridade às minhas responsabilidades, como ir à escola, fazer os deveres de casa, cuidar de Regalito e ajudar com as tarefas domésticas. Sempre me pergunto como eu seria se meus pais não tivessem prestado atenção no meu comportamento e nos meus sentimentos. É bem provável que não teria me transformado na pessoa disciplinada e bem-sucedida que sou hoje.

No que diz respeito a Regalito, eu queria ter compreendido na época o que sei hoje sobre a importância de dar aos nossos cachorros domésticos um gostinho da liberdade: as mesmas coisas que meus pais entenderam sobre como dar limites para um garotinho frustrado e cheio de energia.

Acho que gostamos de cachorros porque eles são as criaturas desinibidas que poderíamos ser se não tivéssemos certeza de que somos superiores.

— George Bird Evans, escritor e criador de cães

Encontre sua liberdade pessoal

O que significa "liberdade" para você? Para minha amiga Jada Pinkett Smith, pode ser algo tão simples quanto passar horas sozinha nas colinas, caminhando com seus cachorros, longe do celular, dos compromissos de trabalho e dos paparazzi. Para minha noiva, Jahira, é saber que estou seguro e saudável quando viajo para longe de casa. Para ela, liberdade significa estar livre de preocupações. Para meu filho mais velho, Andre, é relaxar na praia e ouvir música. Para o mais novo, Calvin, é ter tempo e espaço para ser criativo: desenhar, criar histórias em quadrinhos e escrever contos. Quando pergunto às pessoas o que entendem por "liberdade", sempre obtenho respostas diferentes.

Os cachorros não precisam aprender o que é liberdade; ela está embutida em seu DNA. Eles demonstram sua necessidade por liberdade o tempo todo, e é nosso dever, enquanto seus guardiões, fornecê-la o máximo possível. Nós, seres humanos, também nos comportamos mal quando nos falta de liberdade; mas nem sempre sabemos o que estamos buscando. Às vezes, precisamos de um tempinho para descobrir.

Através de minhas experiências trabalhando com pessoas e seus cachorros, sei que aquela sensação de repressão que muitos humanos têm não é causada por limites físicos, temporais ou pelas leis que regulam nosso comportamento. É mais provável que seja consequência das barreiras mentais e emocionais que bloqueiam nossos instintos naturais e limitam nossos espíritos.

Por exemplo, muitos dos meus clientes dizem: "Meu cachorro não gosta de conviver com outros cachorros." Ou ainda: "É impossível treinar meu cachorro." Eles não percebem que estão impondo restrições e limites arbitrários para outro ser vivo com base em seus próprios medos e dúvidas. Cabe a mim mostrar que todas essas limitações começam na nossa mente. Ao impor restrições imaginárias a seus cachorros, eles não só diminuem a liberdade do seu bichinho, mas também acabam reduzindo a própria.

Quando se trata de liberdade, os cachorros sabem algo que os humanos ignoram: ela vem de dentro. Não é uma coisa ou um lugar; é um estado de espírito.

Como os cachorros expressam a liberdade

- Ao usar seus sentidos para explorar e celebrar o mundo ao redor.
- Ao aceitar sua posição na matilha e compreender que regras, limites e restrições consistentes lhes dão a liberdade de serem quem são.
- Ao viver o momento, sem arrependimentos sobre o passado ou ansiedade sobre o futuro.
- Ao se expressarem como são, sem vergonha e sem se preocupar com sua aparência, apresentação ou cheiro.
- Ao exercitar as habilidades específicas de sua raça, como pastorear, caçar, resgatar ou rastrear.

A enciclopédia dos cães

Quando eu tinha 9 ou 10 anos, me sentia totalmente como um peixe fora d'água na escola. O pessoal popular não se interessava muito por mim — e, mesmo quando se sentavam comigo na hora do recreio, iam embora assim que alguém mais legal aparecia.

Com Regalito, eu nunca precisava me preocupar com isso. Quando voltava correndo para ele depois da escola, era recebido como se fosse a estrela de cinema mais famosa do mundo.

Ele não ficava esperando alguém melhor aparecer — era só *comigo* que ele queria estar. Regalito aceitava fazer tudo que *eu* queria, fosse brincar de esconde-esconde ou correr por quilômetros na praia. E se eu quisesse ficar simplesmente sentado num canto, pensando, ele também topava. Nunca havia qualquer conflito, qualquer negociação. Nós realmente éramos melhores amigos, completamente em sintonia um com o outro. Ninguém o entendia melhor do que eu, e ninguém me entendia melhor do que Regalito.

Sempre gostei muito de animais, mas meu interesse por cães nesse momento se tornava uma verdadeira paixão. Eu tinha a impressão de que conseguia me conectar melhor com uma espécie completamente diferente — de seres com quatro patas e um rabo — do que com qualquer ser humano na minha vida. Os cães tinham todas as qualidades — uma força implícita, adaptabilidade, bom humor, determinação, empatia, paciência e sabedoria — que eu almejava. Eu amava minha família e sabia que eles me amavam, mas, com os cachorros, me sentia diferente. Inteiro.

Quando completei 10 anos, minha mãe me deu uma cópia de *A enciclopédia dos cães*, que tinha encomendado pelo correio. Esse livro mudou minha vida. Ao abrir as páginas, um maravilhoso e novo mundo se revelou para mim. A maioria dos cachorros que eu via no México era muito parecida — os mesmos cães cinza-amarronzados, desmazelados e com cara de coiote da fazenda. Mas, no meu novo livro, vi centenas de raças diferentes, de variados formatos, tamanhos e cores — todos exóticos, joias raras para meus olhos. Havia o lebréu irlandês, tão enorme que nem dava para acreditar que existia de verdade; o shar-pei, com sua cara enrugada engraçada. E o são-bernardo, ilustrado em meio à neve — algo inédito para mim.

Eu queria conhecer a história de como os cachorros tinham evoluído e se tornado aqueles animais maravilhosos, e de que maneira, quando e onde cada raça fora criada, e com qual propósito. Queria conhecer e colecionar todos os cachorros de todas as raças que via naquele livro. Queria que cada um deles fosse meu melhor amigo, como era Regalito.

Os cachorros são nossa ligação com o Paraíso. Eles não conhecem maldade nem inveja nem desgosto. Sentar ao lado de um cão no campo, numa tarde gloriosa, é voltar ao Éden, onde ficar à toa não era tedioso — era a paz.

— Milan Kundera

Meu primeiro cão de raça

Certo dia, estava voltando da escola quando tive um vislumbre do primeiro cão de raça que já havia visto pessoalmente. Era uma setter irlandesa, com pelos ruivos longos e esvoaçantes; orelhas retas e caídas; e uma postura elegante, empinada, digna de passarela. Eu sabia sua raça graças à *Enciclopédia*, que, na época, tinha se tornado minha bíblia.

Depois de xeretar um pouco, descobri que o dono da cadela era o Dr. Carlos Guzman, que morava na parte rica da cidade. Ele criava e exibia seus setters irlandeses premiados em exposições. Foi a primeira pessoa que vi passeando com um cão em Mazatlán — o que ele fazia todos os dias, às três da tarde. O homem fizera sua fortuna realizando abortos ilegais, serviço muito requisitado pelas pessoas mais ricas. Minha mãe, católica fervorosa, não gostava dele por esse motivo — mas eu só queria saber dos cachorros. Então, costumava segui-lo em suas caminhadas diárias. Acabei fazendo disso um ritual.

Um dia, reuni coragem para falar com o Dr. Guzman. Os passeios sempre aconteciam por volta da hora de saída da escola. No passado, eu esperava numa esquina e o seguia de longe depois que ele passava por mim. Naquela tarde, decidi correr atrás dele na rua; o homem deve ter morrido de medo! Saí em seu encalço pela descida íngreme e cheia de vento, e, quando o alcancei, sem fôlego, comecei a fazer um monte de perguntas sobre a cadela e sua raça. Minhas palavras saíram todas emboladas.

Depois de se recuperar do choque, o Dr. Guzman sorriu. Eu o divertia — ou, talvez, ele tenha visto meu amor sincero pelos animais, que não era um interesse comum para um menino pobre no México. Quando lhe perguntei se podia me dar um filhote futuramente, seus olhos brilharam e ele concordou. (É claro, eu sabia que haveria filhotes no futuro, porque naquela época ninguém no México — ninguém mesmo — castrava os cachorros. Na cultura mexicana, a ideia de remover a "masculinidade" de qualquer macho é um tabu — mesmo se o macho for um cão. É uma situação perigosa que estou tentando melhorar ao informar as pessoas de que a castração é necessária para reduzir o número de animais abandonados e de rua, que, só nos Estados Unidos, estima-se somar mais de seis milhões.)

O filhote que o Dr. Guzman me deu era uma setter fêmea, e a chamei de Saluki. Saluki é uma raça de lebréus criada pelos egípcios antigos; eu estava lendo sobre eles na época. Gostei da ideia de batizar minha cadela nova, que parecia um pouco com um saluki, em homenagem a uma das primeiras raças de que se tem registro na história. Isso fez com que eu me sentisse conectado aos cães, honrando seu passado.

Depois, acabei descobrindo que o Dr. Guzman me deu o filhote mais "feio" da ninhada. Ele gostava de inscrever seus cães em exibições, então me deu o que achava menos provável de ganhar um concurso de beleza de setters irlandeses. Saluki era uma menina grande e não tinha os traços graciosos e afeminados de uma cadela sofisticada de sua raça. É claro, eu não via diferença alguma entre eles — e, mesmo que visse, não teria me importado. Estava tão animado e orgulhoso de ser dono dela. Para mim, Saluki era a cadela mais perfeita e linda do mundo.

Surpreendi minha mãe quando cheguei em casa com um cachorro novo, mas ela sempre apoiou minhas paixões. Meu pai era obcecado por animais igual a mim, então não encrencou com a ideia. E Regalito adorou ter uma amiga com quem brincar em tempo integral enquanto eu estava na escola.

Cuidar de Saluki — o primeiro cão de raça que tive — era algo que me dava alegria e um senso ainda maior de responsabilidade. Eu estava determinado a não cometer os mesmos erros que cometera com Regalito e já começava a entender do que os cachorros precisavam para serem felizes na cidade. Ainda mais crucial, estava aprendendo sobre a importância de se sentir livre — tanto para meus cães quanto para mim mesmo.

Quando Saluki ficou maior, comecei a levá-la para passear com Regalito. Eu não gostava de ver o Dr. Guzman andando com os cachorros de coleira. Na minha cabeça, isso não lhes dava liberdade suficiente. Como não havia nenhuma lei que obrigasse o uso de coleiras no México naquela época, eu podia caminhar com Saluki solta ao meu lado. Estava suprindo a parte mais importante de sua necessidade por liberdade e exercícios — a vontade de estar do lado de fora, cheirar coisas, caminhar e migrar com sua matilha — então era fácil ensiná-la a ser completamente obediente e sempre andar ao meu lado ou atrás de mim. Os vizinhos achavam que era um truque de mágica. Como eu disse, os cachorros não seguiam as pessoas no México.

Para mim, "Dog Days" [Dias de cão] simboliza uma euforia apocalíptica, uma liberdade caótica, e correr muito, muito rápido com os olhos fechados.

— Florence Welch, de Florence and the Machine,
sobre sua famosa música "Dog Days Are Over"

Uma casa na praia

Meu pai trabalhava muitas e muitas horas como fotógrafo e cinegrafista freelancer. Quando completei 12 anos, ele havia conseguido juntar dinheiro suficiente para comprar uma casinha para nós em Mazatlán, a apenas duas quadras da praia. Havia um jardim para os cachorros e mais espaço para nossa família cada vez maior, que agora incluía eu, Nora, Monica, minha irmã mais nova, e Erick, o caçula recém-nascido.

A mudança para a casa nova me ajudou a ter a sensação de que as portas do canil finalmente estivessem se abrindo. Poder sentir o barulho do oceano por perto parecia algo natural e primitivo ao mesmo tempo, e eu apreciava os sons e os aromas marinhos. Aquele era o cheiro da liberdade e do futuro.

É claro, levei os dois cachorros comigo. Regalito já estava ficando velho, mas tinha se tornado um cachorro bem mais feliz depois que aprendi a suprir suas necessidades e passei a levá-lo para passear com Saluki. Assim que saímos de vez do apartamento apertado no segundo andar do prédio, os dois se tornaram instantaneamente mais felizes.

Conforme fui ficando mais velho e comecei a sair do meu bairro para explorar a cidade por conta própria, passei a encontrar pessoas que me perguntavam sobre os cães, que me seguiam para todo canto. Logo, comecei a ser conhecido como o garoto que era louco por cachorros. Isso acabou sendo vantajoso, porque, sempre que alguém tinha um filhote sobrando, me oferecia. Eu nunca recusava. E também procurava cachorros sendo vendidos nos classificados. Meus pais, maravilhados por eu ter encontrado minha paixão, me deixaram seguir meu novo interesse.

Havia Kitsey, uma mistura de malamute-do-alasca; Oso, um samoiedo; e Ozzie, um husky. Comecei a levar todos para passear juntos — sem coleira, como uma matilha —, e, aos poucos, vi suas personalidades se desenvolverem conforme se tornavam mais relaxados, mais sociáveis, mais parecidos com os cachorros que via na fazenda. De muitas formas, essa foi minha primeira lição prática sobre o comportamento canino. Notei que, quando oferecia aos meus cães o menor gostinho da liberdade que devia ser sua por direito, eles me recompensavam muitas vezes com sua obediência, lealdade e afeição. Para mim, na época, liberdade começou a significar andar pelas ruas de Mazatlán ou correr na praia, seguido por minha matilha de cachorros lindos e bem-comportados.

Mais uma vez, minha família aceitou cada membro novo de braços abertos. Minha mãe costumava dizer: "É só botar mais água no feijão." E meu pai, quando estava em casa, sempre ia às lanchonetes de taco locais na hora em que fechavam para pedir as sobras de comida.

Amor e liberdade

Meu pequeno Regalito viveu até os 12 anos e teve uma morte tranquila e natural na casa da praia — nada mau para um cão que passou boa parte da vida preso em um apartamentinho quente e empoeirado e que só comia sobras (ração era coisa de primeiro mundo).

Às vezes, fico triste quando penso nele. Não demorei muito para descobrir que vários problemas de comportamento dos cachorros advêm do fato de passarem o dia todo presos, e jurei que nunca mais deixaria isso acontecer com nenhum dos meus cães. Sei que me esforcei ao máximo para cuidar bem dele, mas, ainda assim, se pudesse, eu pediria perdão para meu primeiro cachorro. Apesar de eu ser um menino bobo, queria poder voltar no tempo e deixar Regalito correr por quilômetros na praia ou mandá-lo de volta para a fazenda do meu avô, onde poderia ter vivido de forma natural, com o resto da matilha.

É claro, a única forma de me redimir em relação a Regalito agora é ajudando o máximo de cachorros possível, para que nunca tenham vidas limitadas, mesmo no nosso mundo humano nada natural. Quero ajudar todos os cachorros a experimentar suas próprias definições de "liberdade" e viver de forma que realmente faça jus aos animais naturais que são.

O amor verdadeiro significa apoiar e ajudar outra pessoa ou animal a conquistar algo que considere importante: realizar seus desejos antes de pensar nos nossos. Os cachorros demonstram seu amor o tempo todo, sendo hipersensíveis às nossas vontades e se esforçando para satisfazer as necessidades humanas de amor, companheirismo e obediência. Mas, ao mesmo tempo em que dizemos que "amamos nossos cães", com frequência os tratamos como se só existissem para nosso prazer e conveniência. Ignoramos seus verdadeiros desejos e suas necessidades inatas — de exercício, disciplina e carinho. Com frequência, meus clientes dão afeição, afeição e afeição, porque, além de ser mais fácil, é o que eles próprios querem no momento. Tento ensiná-los que, para amar de verdade um cão, é preciso aprender a satisfazer as necessidades do animal antes das suas.

E se aplicarmos a fórmula para ter sucesso com cachorros, que já usei com centenas de clientes, em nossos relacionamentos interpessoais? E se deixarmos de lado nossos desejos egoístas e tentarmos entender o que os outros — cônjuges, amigos, parceiros, filhos, pais, funcionários, chefes — precisam para serem felizes? E se pararmos de tentar controlar as pessoas e as situações e passarmos a observar e ouvir o que elas realmente tentam nos dizer? Isso não ajudaria as pessoas com quem temos contato a terem um pouco mais de paz e liberdade em suas vidas?

Há uma canção famosa de Sting que diz que "Se você ama alguém, liberte-o". Como qualquer pai pode atestar, isso não é uma tarefa fácil. Hoje em dia, o maior desafio que tenho todos os dias é deixar que meus filhos, Andre e Calvin, tenham a liberdade de cometer seus próprios erros sem que eu intervenha. Digo a mim mesmo que estou suprindo suas necessidades ao tentar ajudá-los com suas carreiras, pagando seus estudos e lhes dando conselhos. Na verdade, faço boa parte disso por mim mesmo — de forma egoísta, são coisas que preciso fazer para sentir que sou um bom pai. Mas do que os meus meninos precisam? Por mais que seja difícil aceitar isto, às vezes, é necessário soltá-los no mundo e deixar que abram seu caminho por conta própria.

Por exemplo, meu filho mais velho, Andre, morava com minha ex-mulher no período mais complicado de nosso divórcio. Quando se tornou na prática o "homem da casa", ele resolveu que tinha maturidade suficiente para morar sozinho — apesar de ainda não ter completado o Ensino Médio. Achava que poderia ter o próprio apartamento, cuidar de si mesmo, e ainda passar em todas as matérias.

Fui completamente contra essa ideia, mas ele não quis me ouvir, e tive que aprender a ficar de boca fechada para preservar nossa relação, que era frágil na época. Naquele ano — como previ —, Andre não passou nas provas finais e não conseguiu se formar com os amigos. Quando a ficha caiu, ele finalmente se dedicou aos estudos e conseguiu seu diploma. Mas não foi igual à experiência única na vida de vestir a beca, subir no palco com sua turma e comemorar esse marco importante com seus amigos e colegas de turma. Andre se arrepende disso agora, mas, se eu não tivesse lhe dado a liberdade de cometer esse erro, provavelmente nem estaríamos nos falando hoje em dia.

E então temos Calvin, o caçula, que é mais parecido comigo: mais curioso, bagunceiro, rebelde, não gosta de autoridade.

Aos 16 anos, ele conseguiu seu próprio programa de TV infantil na Nickelodeon, *Mutt and Stuff*, sobre uma escola para cachorros (que são fantoches). Nessa época, ele só havia feito três meses de aulas de atuação. Quando chegou o momento de filmar os primeiros episódios, Calvin recebeu os roteiros e foi orientado a ensaiar e decorar suas falas com antecedência.

Bem, ele achou que aqueles três breves meses de aula eram suficientes para ignorar qualquer esforço que tivesse que fazer e simplesmente aparecer no set de filmagem e ser brilhante. Apesar de eu ter me oferecido inúmeras vezes para ajudá-lo a ensaiar, Calvin me disse que tinha tudo sob controle e que, quando estivesse no set, tudo daria certo. Precisei reunir todas as minhas forças para ficar quieto, deixá-lo cometer os próprios erros e não avisá-lo de que era muito provável que estivesse jogando tudo por água abaixo.

Como era de se esperar, no primeiro dia de filmagens, Calvin estava completamente despreparado. O tempo todo, cometia erros e esquecia as falas. Foi assim por várias semanas. O diretor do programa ficou cada vez mais frustrado, até chegar ao ponto em que disse aos produtores que deveriam despedi-lo e contratar um ator mirim *profissional*.

Esse foi o balde de água fria de que Calvin precisava. Quando seu emprego foi ameaçado, ele se dedicou, aprendeu as falas e se preparou para fazer o melhor trabalho possível. O resultado: no seu primeiro ano no ar, o programa foi indicado a dois prêmios do Daytime Emmy, incluindo melhor programa para crianças em idade pré-escolar. Apesar de eu ter lhe avisado sobre o que poderia acontecer caso ele não ensaiasse, acho que não escutar os conselhos dos pais está no DNA dos adolescentes. Fico feliz por ter guardado minha raiva e frustração para mim mesmo até Calvin conseguir aprender essa difícil lição por conta própria.

Quanto a mim? Minha definição de "liberdade" evoluiu com o passar dos anos. Penso nela de forma semelhante aos cachorros. Quando meu nível de respeito é alto, minha confiança aumenta. Quando a confiança aumenta, minha lealdade se fortalece.

Os cães também me ensinaram que se sentir livre é essencial para uma vida equilibrada. Observe como o melhor lado da personalidade real do seu cão se sobressai quando você solta sua coleira e o deixa correr pelo campo. Agora, feche os olhos e se imagine na mesma situação — vivendo "sem a coleira" dos limites e medos que impõe a si mesmo.

Lição canina Nº 2

Como vivenciar a liberdade

- Siga suas paixões e obedeça seus instintos. As paixões geram a energia que alimenta nossas realizações, e os instintos são a bússola que nos guia pelos desafios da vida.
- Repare quando você sentir tristeza, confusão, frustração ou ansiedade. Essas emoções criam limitações, e a presença constante delas em sua vida pode ser sinal de que uma mudança precisa ser feita. Sentimentos reprimidos e ignorados podem até causar doenças físicas.
- Seja sincero consigo sobre quem você realmente é. Quando nossa autoimagem é uma ilusão, estamos fadados a decepcionar a nós mesmos e aos outros.
- Aceite o momento de se render a uma situação que você não pode controlar.

Lição 3: Confiança

É melhor agir com confiança, não importa quão pouco confiante você se sente.

— Lillian Hellman

Daisy era uma cocker spaniel preta com olhos brilhantes e escuros, que fitaram os meus com desconfiança em uma tarde do inverno de 1991. No dia em que nos conhecemos, seus pelos estavam grandes demais, sujos e um pouco emaranhados. Fios compridos caíam sobre sua vista, e notei que as unhas estavam tão compridas que se enrolavam para dentro da pata.

Apesar de Daisy estar tremendo quando a tomei nos braços, eu me lembro das minhas novas chefes — dona Nancy e dona Martha, as duas proprietárias do Chula Vista Grooming — trocarem um olhar nervoso. Com certeza, estavam torcendo para que a cadela não me atacasse como as atacara no passado. Ouvi as duas conversando em tons tensos, mas não consegui entender uma palavra do que diziam. A única coisa que sabia em inglês na época era: "Preciso de um trabalho."

Mas não fazia diferença, porque eu entendia perfeitamente alguém ali — melhor ainda, na verdade, do que se ela estivesse falando comigo em espanhol. Era a própria Daisy. Ninguém mais compreenderia, mas a cadela já me dizia tudo que eu precisava saber sobre ela.

Todas as distrações desapareceram e, de repente, só havia nós dois. Percebi que me sentia mais calmo e mais confiante naquele momento do que em qualquer outro desde que atravessara a fronteira para os Estados Unidos algumas semanas antes. Olhei para Daisy e acariciei seu pelo. Ela me devolveu o olhar e parou de tremer.

Coloquei-a sobre a mesa de tosa e me preparei para começar.

Os cachorros falam, mas só com aqueles que sabem ouvir.

— Orhan Pamuk

A travessia do rio

Já escrevi sobre minha vinda para os Estados Unidos, sobre atravessar o rio Grande para encontrar uma nova vida. Eu tinha dinheiro suficiente no bolso para chegar ao que acreditava ser San Diego (na verdade, era Chula Vista, a cerca de 15 quilômetros). Jornalistas e entrevistadores transformaram essa experiência no típico conto do "imigrante sem um tostão que se dá bem". Mas essa não é a história completa. Ninguém nunca escreve sobre o medo e a insegurança que acompanharam a jornada.

Durante a adolescência, meu crescente interesse em cães me ajudou a visualizar como poderia ser meu futuro. Eu costumava assistir a seriados americanos na televisão — *Lassie, Rin-Tin-Tin* e *Os batutinhas* — e ficava maravilhado com as coisas que os "atores" caninos faziam. Por causa da minha conexão profunda com os cães, eu sabia, no fundo do coração, que queria trabalhar com animais, ensinando-os a fazer coisas maravilhosas para a câmera. É claro, isso seria impossível no México, considerando o desrespeito cultural com os cachorros. Eu não fazia ideia de como realizaria meu plano, mas fiquei determinado a ir para os Estados Unidos e virar um treinador de cães em Hollywood.

Aconteceu aproximadamente duas semanas depois do Natal. Eu tinha 21 anos, estava com frio, molhado, com fome e bem longe dos meus pais e irmãos em Mazatlán e dos meus avós em Culiacán. Pouco ao sul da fronteira com os Estados Unidos, atravessava o rio Grande com a água gelada e lamacenta batendo no peito. Ao meu lado estava o coiote que paguei para me guiar até minha nova vida. ("Coiote" é como os mexicanos chamam as pessoas que os ajudam a cruzar a fronteira ilegalmente.) Eu estava desesperado para chegar até o outro lado — onde poderia conquistar meu sonho americano de virar o melhor treinador de cães do mundo.

Quando já passava de meia-noite e a escuridão era total, comecei a reconsiderar meu plano. "Coiote", na verdade, era uma ótima descrição para meu guia, que tinha a mesma aparência magra e faminta do animal. O homem já levara todo meu dinheiro — os cem dólares que papai me dera na noite de Natal — e, até onde eu sabia, pretendia me matar. Ainda assim, me parecia não haver escolha. Segui suas instruções sussurradas até que finalmente veio um "*¡Corre!*".

Fui guiado para dentro de um túnel sem iluminação, baixo e estreito, e pensei: "É aqui que ele vai me matar." Naquele momento, eu só podia confiar em três coisas: no coiote, em Deus e em mim mesmo. Era um completo tiro no escuro.

Obviamente, o coiote não me matou; ele me ajudou a cruzar a fronteira em segurança. Mas não senti a euforia que esperava quando pisei em solo americano. Em vez disso, a realidade da minha situação veio como uma onda. Eu não tinha dinheiro. Não falava o idioma. Não tinha comida, nem moradia. E não fazia ideia de por onde começar.

Minha adolescência em Mazatlán fora difícil. Eu não era o garoto mais seguro de si mesmo, mas havia duas coisas no mundo nas quais tinha uma confiança absoluta: minhas técnicas no caratê e minha habilidade de lidar com cachorros. Mas passar boa parte do tempo com cães não era algo considerado "normal" na cultura mexicana — especialmente por meus colegas de classe. Eles zombavam de mim, me chamando de "*El perrero* — garoto-cachorro sujo", me provocando e me ridicularizando pelas costas, me excluindo dos seus círculos sociais. Eu só conseguia aguentar os insultos constantes porque tinha meus cachorros me esperando em casa, sempre prontos para me dar amor incondicional e companheirismo.

Dos arquivos científicos

A ciência da confiança

De acordo com o *Journal of Personality and Social Psychology* [Jornal de psicologia social e das personalidades], o simples fato de ter um cachorro pode melhorar a autoconfiança dos seres humanos. Num trabalho intitulado "Friends With Benefits: On the Positive Consequences of Pet Ownership" [Amizade com benefícios: sobre as consequências positivas de ter um animal de estimação], o pesquisador-chefe Allen R. McConnell descreve estudos em longo prazo que descobriram que donos de animais de estimação apresentam uma autoestima maior, têm melhor preparo físico, tendem a se sentir menos sozinhos, são mais escrupulosos e extrovertidos e sentem menos medo e preocupação do que pessoas sem animais.[2] Um segundo experimento com apenas donos de cachorros descobriu uma sensação de bem-estar ainda maior, uma vez que os cães aumentam nos donos os sensos de aceitação, de autoestima e de ter uma vida significativa.

Apesar de eu sempre ter me sentido diferente de meus colegas de classe, tinha uma paixão que me movia. Uma voz forte dentro de mim dizia que eu tinha um dom especial e que jamais deveria desistir. Depois que me formei no colégio em Mazatlán, aprendi a acreditar que meus instintos me levariam pelo caminho certo até meus objetivos — como conseguir um emprego de tosador e atendente numa das poucas clínicas veterinárias da cidade.

Naquele momento, sujo e faminto no estranho e intimidante país chamado Estados Unidos, tive medo de perder a confiança.

O último da matilha

Quando cheguei à Califórnia, sabia que não seria fácil construir uma vida nos Estados Unidos, mas, ainda assim, estava empolgado com a aventura. Havia tantas coisas novas para ver, para aprender e para explorar.

De imediato, eu precisava encontrar uma forma de ganhar dinheiro suficiente para me alimentar. Eu andava pelas ruas de Chula Vista, parando em lojas diferentes e perguntando: "Você tem trabalho?" Vários proprietários me davam alguns trocados para varrer calçadas, depósitos ou garagens. Não era exatamente algo que inspirava autoconfiança, mas o trabalho duro fazia com que eu me sentisse um pouco melhor comigo mesmo.

Logo aprendi que, nos Estados Unidos, a forma mais eficaz de arrumar emprego é aceitar as tarefas que os americanos não querem fazer. Isso significava lavar carros, lavar janelas, varrer o chão e limpar estacionamentos e calçadas com mangueiras. Nos primeiros três meses, dormi em um acampamento de desabrigados que descobri embaixo de um viaduto. Também descobri a alegria dos cachorros-quentes de 25 centavos das lojas de conveniência.

Depois de algumas semanas em Chula Vista, o otimismo que me acompanhara na travessia da fronteira começou a diminuir. Tentei lutar contra essa sensação, mas hoje admito:

fiquei com medo. Eu ainda não fazia ideia de como construiria uma vida de verdade naquele lugar desconhecido. Ficava vagando pelas ruas, tentando bolar um plano. Algumas pessoas faziam cara feia para mim, como se eu fosse sujo e não merecesse estar ali. Nunca me senti tanto no último lugar da matilha. Ficava me perguntando: "O que estou fazendo aqui? O que tenho para oferecer a este lugar chamado Estados Unidos?"

No México, somos condicionados a achar que os americanos sabem tudo e são os melhores do mundo. Afinal, estamos sempre assistindo a filmes em que os Estados Unidos salvam o mundo. (Não me lembro de nenhum filme em que o México salva o mundo, e você?) Por outro lado, alguns americanos foram criados acreditando que imigrantes mexicanos são cidadãos de segunda classe. Naquela época, eu me sentia ainda pior do que isso.

DOS ARQUIVOS DOS FAMOSOS

Wayne Brady

Ator, cantor, comediante e apresentador do programa de TV *Let's Make a Deal*, Wayne Brady confessa que o homem extrovertido na televisão é bem diferente da pessoa reservada que ele é fora das telas. "Eu jamais me descreveria como socialmente espalhafatoso", diz ele. "Sou assim no palco porque é meu trabalho... mas acho que nunca se deve confundir o emprego de alguém com sua verdadeira personalidade."

Wayne conta que é introvertido desde garoto, que não gosta de ocasiões sociais nem de conhecer gente nova: "Quando se é uma pessoa pouco social, é muito fácil se acomodar e se isolar. Sem me aprofundar muito, isso é algo que vem da minha infância, de situações em que sofria bullying. Com o tempo, aprendi a me defender e encontrei minha voz — mas a noção de que eu não devia me misturar com os outros já estava entranhada em mim. Porque, se você conversa com uma pessoa, se diz algo para ela, existe a possibilidade de ouvir uma resposta ruim ou de ser tratado de um jeito que vai te deixar desconfortável."

A rottweiler de Wayne, Charlie, mudou toda a sua percepção. "Olho para minha cadela, Charlie, que é capaz de entrar num cômodo e ir até aquela pessoa mais tristonha, menos simpática, e lhe oferecer a pata", diz ele. "O fato de ela ser tão aberta e disposta a ser amada, a se expor... isso me ensinou algo. Não custa nada chegar perto de alguém e dar oi, me apresentar e sorrir. Foi essa a lição que aprendi com Charlie. E tento praticá-la sempre que possível, porque não é algo que eu faça naturalmente. Ela me inspirou a ser mais aberto."

Precisa-se de funcionário

Minha perspectiva começou a mudar quando vi a placa de "Precisa-se de funcionário" na vitrine de uma lojinha branca que anunciava "Banho e tosa" (Entendi o tipo de serviço que o lugar prestava porque havia imagens de um cachorro, uma escova e um secador de cabelo na porta). Eu tinha trabalhado como tosador durante dois anos numa clínica veterinária em Mazatlán, então aquela era uma habilidade real que poderia colocar em prática.

O problema era como convencer alguém a me contratar. Eu não tinha qualquer documento, endereço e sequer falava inglês. Entrei na recepção e me deparei com duas mulheres mais velhas, que aparentavam ter uns 60 anos, atrás do balcão. Elas eram muito despretensiosas: cabelos grisalhos, sem maquiagem e usando roupas simples, largas e nada chamativas. Apresentaram-se como Martha e Nancy. Depois, descobri que havia mais de vinte anos que eram donas do Chula Vista Grooming, e que o lugar era um marco da vizinhança.

Usei a única frase que sabia em inglês — "Vocês têm trabalho?" — e preenchi o formulário que me entregaram da melhor forma possível. As duas fitaram minha ficha respondida pela metade e me encararam. Em vez de me dar uma vassoura ou um esfregão, como meus patrões anteriores, dona Nancy me mostrou uma foto de como um cocker spaniel perfeitamente tosado deveria ficar. Examinei a imagem e assenti com a cabeça. Ela então trocou um olhar com dona Martha, que me levou para os fundos.

Na sala, havia ferramentas de tosa, um secador industrial, uma banheira, uma mesa de metal... e um pequeno cocker spaniel preto tremendo e rosnando num tom baixo e ameaçador. Era Daisy.

Recuperando minha confiança

Nunca vou entender por que aquelas duas mulheres resolveram confiar em um imigrante mexicano magrelo de 21 anos que simplesmente apareceu na sua loja. Eu também não sabia nada sobre a história delas com a cadela. Somente muito depois, descobri que Daisy vinha aterrorizando os tosadores e seus donos havia meses, e que todos a consideravam um caso perdido.

Só sei o que aconteceu em seguida.

Dona Nancy e dona Martha ficaram olhando, maravilhadas, quando Daisy parou de tremer assim que a tomei nos braços. Apesar de as mulheres a encararem com medo, como se ela fosse um monstro, eu logo vi que não se tratava de uma cadela naturalmente agressiva. Ela só se sentia insegura.

Para mim, a energia e a linguagem corporal do animal comunicam o diálogo canino com a mesma clareza que a fala comunica o dos humanos — e eu logo comecei uma conversa intensa com Daisy. Ela falava diretamente comigo, me mostrando, através de sua postura e de seus movimentos, que havia locais em seu corpo que não gostava que fossem tocados por estranhos. Como era de se esperar, evitei esses lugares — o traseiro, a barriga — e, em vez disso, com gentileza, ergui seu queixo e fiz com que se empertigasse, numa posição muito orgulhosa. Por instinto, eu sabia que precisava aumentar sua confiança em mim e nela mesma para conseguir tosá-la. Ela reagiu na mesma hora, como se dissesse: "Obrigada! Alguém finalmente me ouviu!" Então comecei a cortar.

Observar as inseguranças de Daisy desaparecerem fez minhas próprias semanas de dúvidas sumirem também. Pela primeira vez desde que eu saíra do México, senti minha autoconfiança voltar. Eu realmente tinha algo a oferecer — e, pela forma como minhas chefes em potencial me observavam, estava claro que era algo de que os americanos precisavam bastante!

Terminei de arrumar Daisy e a devolvi para as senhoras. Dona Nancy e dona Martha pareciam chocadas, mas felizes. Muito felizes! Elas foram até a caixa registradora, pegaram sessenta dólares e me entregaram. Recusei balançando a cabeça e devolvi o dinheiro, tentando transmitir que era muito. As duas acenaram com a cabeça enfaticamente e indicaram a tabela na parede com os preços, que mostrava que eu estava recebendo metade dos 120 dólares que cobraram pelo embelezamento de Daisy. Todos os meus trabalhos anteriores nos Estados Unidos só tinham durado um dia, mas as donas da loja apontaram para o calendário, indicando que eu deveria voltar no dia seguinte.

Uma semana depois, a notícia de que havia um garoto novo chamado Cesar que conseguia lidar até com os cachorros mais difíceis já corria entre os clientes regulares do Chula Vista Grooming. Os donos viam seus cães saírem felizes das sessões de tosa, em vez de estressados. De repente, as pessoas pararam de fazer cara feia para mim. Elas sorriam e me agradeciam quando eu saía dos fundos do salão com seus animais arrumados e tranquilos. Esses sorrisos de gratidão também ajudaram a aumentar minha confiança.

Durante os meses seguintes, minhas novas chefes se comunicavam comigo num espanhol truncado, além de muitos gestos e as poucas palavras em inglês que eu tinha aprendido: "lavar", "secador", "cortador de unha". Elas me deram uma chave e me deixaram dormir e tomar banho no escritório. Isso, além de receber metade do valor total de todas as minhas tosas, me ajudou a economizar e bolar um plano lógico para me tornar um treinador de cães profissional.

No fim das contas, decidi que precisaria me mudar para o norte, para Los Angeles, onde todos os treinadores de Hollywood moravam e trabalhavam. Infelizmente, isso significava ter que abandonar o porto seguro que era o Chula Vista Grooming depois de nove meses.

Nunca vou poder recompensar o que dona Nancy e dona Martha fizeram por mim. Como eu ainda não sabia falar inglês muito bem, a única forma como pude comunicar às duas sobre minha partida foi lhes devolvendo suas chaves. Ainda bem que já tinha aprendido a dizer "obrigado".

COMO OS CACHORROS DESENVOLVEM AUTOCONFIANÇA

- Ao saber sua posição no grupo ou na família. Ser aceito na matilha faz com que se sintam seguros.
- Ao dominar uma habilidade. Pode ser algo tão simples quanto buscar algo, nadar ou brincar de pegar a bola — ou algo mais complexo, como pastorear ou fazer testes de agilidade.
- Ao ter um exemplo para seguir, com quem brincar e explorar.
- Ao desenvolver um senso de segurança — no seu ambiente, na matilha e na vida. Cachorros medrosos só vão desenvolver autoconfiança quando se sentirem seguros.
- Ao encarar e superar desafios e constantemente aprender novas habilidades. (É por isso que cães policiais ou militares são tão confiantes: eles enfrentam muitos desafios que a maioria dos cachorros nunca encara.)

A saída da zona de conforto

Em meu processo de reabilitar um cachorro inseguro, tento tirá-lo da sua zona de segurança aos poucos, sempre introduzindo novos desafios e usando minha própria confiança ou a confiança de outro cão na minha matilha para dar apoio ao inseguro.

A maioria dos pais sabe que, no mundo humano, toda nova conquista — até a menor delas — faz uma criança se sentir mais forte e autoconfiante. Também é assim com os cães.

Para ajudar nossos animais a superarem suas ansiedades, devemos nos esforçar para sermos exemplos fortes e consistentes em quem podem confiar, porque a confiança em nós aumenta a autoconfiança deles. O milagre é que, ao fazer um cão se sentir mais seguro de si, você também se sente assim. Se você não sentir firmeza no seu relacionamento com o animal, não pode ser um exemplo para ele. É só quando se aprende a ser um líder assertivo, a guiar e cuidar de um cachorro que a velha lei do universo entra em prática: Tudo que você faz volta dez vezes maior.

Mestres da confiança canina

A beleza dos cães é que o dom da confiança é recíproco. Isso significa que, quanto mais você se tornar um líder forte para seu cachorro, mais confiante vai se sentir. Tenho dezenas de clientes que são tão famosos e bem-sucedidos quanto os *Seinfeld* (veja *Dos arquivos dos famosos* a seguir), mas que instantaneamente passam todo seu poder para os cachorros assim que entram em casa.

Dos arquivos dos famosos

Jerry Seinfeld

"Sou amado por milhões de pessoas", choramingou Jerry Seinfeld, um cliente e amigo que sempre me faz rir. "Mas não por um certo cãozinho."

Jerry confessou que estava tendo problemas com um dos seus dois dachshunds, José e Foxy. Foxy era hostil com o dono e parecia ter medo dele (e de qualquer homem adulto, inclusive). "Jerry praticamente desistiu dela", contou-me sua esposa, Jessica, numa tarde.

Os Seinfeld eram donos de primeira viagem e não sabiam como se comportar com os novos animais de estimação. Essa insegurança fez com que parecessem fracos para os cachorros; é pouco provável que um cão obedeça ou respeite um humano inseguro. Minha solução foi não apenas elevar a autoestima da tímida Foxy, mas também a confiança de seus donos famosos.

Primeiro, para fazer a cadela se sentir segura, usei uma coleira, permitindo que ela viesse na minha direção aos poucos. No fim do exercício, Foxy estava investigando minha perna, hesitante, porém curiosa.

Agora, quanto aos donos: escolhi Jerry para recompensá-la por sua coragem. Isso significava que ele tinha que superar os próprios medos e se aproximar dela, oferecendo elogios e carinho.

Também ensinei ao casal uma forma diferente de passear com Foxy, para elevar sua autoestima: deixá-la ir à frente da procissão da "matilha" da família. Quanto mais desafios os Seinfeld derem a Foxy no futuro, mais ela conseguirá superar seus medos e aumentar sua autoconfiança.

Ao desafiar a cadela e acompanhar seu progresso e suas conquistas, Jerry aumentou muito sua própria confiança enquanto dono.

Dos arquivos científicos

Ler para cachorros incentiva a autoconfiança e o hábito de leitura nas crianças

O fato de os cães nos aceitarem como somos e não nos julgarem como os outros humanos com frequência fazem é parte do motivo pelo qual sua presença ajuda a nos sentirmos mais calmos, seguros e confiantes. Pesquisadores vêm estudando os impactos que simplesmente ler em voz alta para um cachorro tranquilo e atencioso tem em crianças com dificuldade de leitura ou outros problemas de aprendizado. As descobertas iniciais são promissoras.[3] Os resultados sugerem que crianças que leem para cães apresentam uma melhora geral na capacidade de leitura, apesar de ainda serem necessários mais estudos para explicar exatamente como e por que esse fenômeno ocorre.

Não é assim que as coisas devem ser. Quando baseamos nossa autoestima no sucesso e em posses materiais, a confiança se torna algo frágil e volátil. Conquistas financeiras vêm e vão. Mas ser um líder tranquilo e assertivo para seu cão é uma habilidade que vem de dentro. É um tipo de confiança que nunca desaparece.

Quando se trata das nossas inseguranças, todos temos pontos fracos. Os de Daisy estavam no corpo — os lugares em que não queria ser tocada. O meu era minha incerteza, baseada na crença de que eu não era bom o suficiente num país novo e desconhecido.

Todo mundo também tem suas forças. As de Daisy estavam sob seu queixo. A minha era uma compreensão profunda da comunicação canina, que minhas chefes — apesar de amarem cães — não compartilhavam. Daisy e os outros cachorros que tosei me mostraram que, sim, eu tinha algo especial para oferecer: algo de que o novo país de que eu havia adotado precisava bastante.

Conforme aprendi com Daisy, a melhor forma de se sentir mais seguro de si é ganhando a confiança e o respeito dos outros. Essa é a faísca que nos faz desenvolver nossa autoestima. Acredito que os cães possam nos ajudar a encontrar a força instintiva que existe dentro de cada um de nós.

Lição canina Nº 3

Como desenvolver a autoconfiança

- ⊘ Use os cachorros como um exemplo a ser seguido. Cães só querem ser cães — não qualquer outro animal e, com certeza, não humanos. Use o exemplo deles para honrar e ter orgulho de quem você é.

- Busque seu próprio dom ou talento inato especial, desenvolva-o e se esforce para dominá-lo. A competência leva à autoconfiança.
- Encare os desafios mais difíceis da sua vida como oportunidades de desenvolver força interior. Quanto mais problemas superar, mais confiante você se sentirá.
- Nunca pare de aprender. Aproveite todas as chances para desenvolver uma nova habilidade ou descobrir novos talentos.

Lição 4: Autenticidade

Exploradores da verdade, é isso que os cães são; investigadores em busca do aroma invisível da essência autêntica de outro ser.

— Jeffrey Moussaieff Masson, *Dogs Never Lie About Love*

Talvez a lição mais profunda que aprendi com os cães seja a da *autenticidade*. Quando passarmos a viver sem esconder nossos sentimentos, quando deixarmos de criar ilusões sobre quem realmente somos, quando enfrentarmos todos os desafios da vida com honestidade e quando tivermos coragem de admitir nossos erros e aprender com eles, a experiência humana se tornará mais valiosa e recompensadora do que jamais poderíamos imaginar.

Os cachorros vivem essa realidade todos os dias. Sempre viveram. Simplesmente porque são incapazes de mentir.

O que é autenticidade? Para mim, a palavra é quase sinônimo de honestidade, só que mil vezes mais poderosa. Para os animais, é algo normal. Muitos são capazes de usar artimanhas como estratégia de sobrevivência — por exemplo, a passarinha-

-mãe pode fingir ter quebrado uma asa para atrair um predador para longe do seu ninho. Mas apenas os seres humanos são capazes de mentir para *si mesmos*.

Nós usamos máscaras todos os dias: máscaras para esconder nossas vergonhas secretas, máscaras para aumentar nossa autoestima, máscaras que nos ajudam a negar que estamos fazendo algo prejudicial ou que pode machucar os outros. Geralmente, elas têm dois lados — um lado engana o mundo; o outro, a nós mesmos. *Os seres humanos são os únicos animais capazes de negação, a arte milenar de mentir para si próprio.*

Uma pessoa autêntica encara *todas* as verdades sobre si mesma, até aquelas que preferiria não ver nem expor. Autenticidade é ser genuíno com os outros — e, mais importante, ser fiel à sua real essência.

No reino dos instintos animais, a autenticidade é uma sensação. Ela tem energia e cheiro: todos os cães sabem instantaneamente quando alguém ou algo está sendo verdadeiro ou não. Mas, no mundo intelectual habitado pela maioria dos seres humanos, a autenticidade é bem mais difícil de determinar.

Autenticidade e energia

Uma das primeiras regras sobre a autenticidade é que ela é inseparável da *energia* que qualquer animal ou pessoa emite. Vou explicar meu conceito de energia em relação à nossa comunicação com cachorros, outros animais e entre nós.

A "energia", na minha definição, é composta por dois elementos: emoção e intenção. Quanto mais verdadeiros eles forem, mais forte é a energia que projetamos. Nossos cães absorvem tudo como se fossem esponjas — porque sempre foi sua capacidade evolutiva compreender a condição humana em constante transformação.

Os cachorros percebem imediatamente quando nossas intenções não estão em sintonia com nosso estado emocional. Isso ficou evidente em um dos meus casos mais recentes. Um cliente me procurou quando seus três rottweilers começaram a ficar descontrolados durante seus passeios noturnos, então decidi observá-lo. Descobri que meu cliente passava a maior parte desse tempo ao telefone e ficava nervoso com algumas conversas. Ele não estava presente com os cachorros, e com certeza não prestava atenção nos três quando puxavam e pulavam nos transeuntes.

Ao conversarmos mais tarde, ele admitiu que guardava suas ligações mais problemáticas para aqueles passeios noturnos. Seu objetivo era estar fora de casa para a família não ouvir enquanto gritava ou ficava nervoso. Assim, sua intenção real não era dar uma volta tranquila com os cachorros, mas fugir de casa para lidar com questões estressantes do trabalho. Uma vez que seu propósito não era sincero, sua energia durante os passeios era fraca, e os rottweilers se tornaram o terror da vizinhança.

É isso que quero dizer quando afirmo que a energia criada por nós é formada por nossas emoções e intenções. Esses dois elementos estavam desalinhados no meu cliente. Suas emoções eram raiva e nervosismo. Sua intenção era sair de casa para ter privacidade. Era óbvio que ele não estava sendo autêntico. E o resultado foi uma matilha descontrolada.

Com o passar dos anos, tive muitos professores caninos que me ensinaram sobre autenticidade, mas dois rottweilers muito diferentes se destacam: um se chamava Cycle; o outro, Cain.

Os dois surgiram na minha vida durante os anos em que eu tentava descobrir meu caminho e os rumos que minha carreira tomaria.

Se um cão (...) não se aproximar de você depois de ter lhe encarado, volte para casa e examine sua consciência.
— Woodrow Wilson

Limpando canis

Depois que me despedi dos meus anjos da guarda no Chula Vista Grooming, segui para Los Angeles, onde fui à luta, procurando emprego em todas as empresas de adestramento da cidade. Finalmente, consegui uma entrevista para cuidar do canil da All-American Dog Training Academy. Era o tipo de instituição à qual as pessoas pagavam uma fortuna para seus cães se tornarem impecavelmente adestrados e cem por cento obedientes em apenas duas semanas. No meu inglês precário, consegui explicar para o dono que eu queria ser um adestrador. Ele me contratou na mesma hora — não para treinar os animais, mas para limpar os canis.

Dia sim, dia não, eu varria, esfregava e jogava água nos canis até que ficassem brilhando. Minha criação na fazenda me proporcionou uma ética profissional forte. Meu avô tinha me ensinado que, se você aceita um emprego, precisa ser confiável, dar o seu melhor e cumprir o que se propôs a fazer. Levei essa filosofia comigo do México para os Estados Unidos, e foi essa dedicação e ética de trabalho que fizeram com que Martha e Nancy, do Chula Vista Grooming, se afeiçoassem a mim.

Na All-American, trabalhei com ainda mais afinco. É claro, minha esperança era que meu empenho fosse notado e que, um dia, me promovessem para adestrador-assistente. Ao mesmo tempo, tentava aprender o máximo possível observando os adestradores profissionais que trabalhavam lá.

Muito do que eu via não me parecia certo. Embora os cães que chegavam fossem obviamente amados, bem-cuidados e estivessem em ótimas condições, seu comportamento era outra história. Eu via medo, frustração, uma incapacidade de concentração e até agressão descontrolada. Os donos pagavam caro para deixar seus animais de estimação naquele lugar, com a esperança de que esses comportamentos problemáticos fossem "curados". Mas eu logo vi que aprender a sentar, ficar, vir e andar junto não resolvia em nada as questões comportamentais mais profundas. Os cachorros ficavam em canis isolados entre as aulas, o que só aumentava sua ansiedade e instabilidade.

Nas semanas que passei na All-American, conheci alguns dos adestradores que trabalhavam lá. Eram pessoas boas que realmente se importavam com os animais — as fontes do problema eram tempo e dinheiro. Quando você promete a um cliente que vai lhe devolver um cachorro totalmente obediente em duas semanas, precisa fazer de tudo para cumprir o que garantiu. O que significava, em geral, tomar atalhos, mesmo quando os animais ficavam estressados: encolhidos, com as orelhas para trás. Qualquer pai sabe que condicionar uma criança a reagir nessas condições não ajuda em nada a melhorar seu comportamento geral — e também não ajuda um cachorro.

Essa observação, por si só, já era uma pequena lição sobre autenticidade. Comecei a compreender que o *adestramento* tradicional — sentar, ficar, vir, andar junto — foi criado para os humanos, usando linguagem humana e seguindo um modelo humano de aprendizado. Os cães, por outro lado, não têm ambição alguma de se tornarem gente; eles só querem ser quem são e se relacionar com os donos através de sua personalidade autêntica.

De canis sujos para carros sujos

Aos poucos, meus chefes na All-American foram me dando mais responsabilidades. Uma das minhas tarefas era levar os cachorros dos canis para as aulas. Os adestradores logo perceberam que eu conseguia lidar até com os problemas de comportamento impossíveis. Eu não tinha medo das raças mais poderosas, que sentiam isso e me seguiam de forma natural. Com os cachorros extremamente medrosos, eu nunca gritava nem usava força. Apenas sentava com eles em seus canis pelo tempo que fosse necessário até relaxarem e ficarem curiosos sobre mim. Quando a confiança era estabelecida, eles se aproximavam e deixavam que eu prendesse a guia neles.

Minha capacidade de lidar com esses casos extremos significava que, apesar de não me considerarem como um deles, os adestradores às vezes passavam o treinamento dos cães mais teimosos para mim.

Um dos clientes da All-American, chamado Ross, ficou especialmente impressionado com meu progresso no adestramento de seu cão, um rottweiler robusto chamado Cycle (uma homenagem ao amor de Ross por motocicletas — Motor*cycle* em inglês). Percebendo que eu não era valorizado, ele me ofereceu um emprego lavando carros na sua empresa de limusines. Ross disse que o salário seria muito melhor do que na All-American e que me daria até um "carro da empresa" — algo que eu precisava urgentemente para circular pela enorme cidade de Los Angeles. Além disso, ele queria que eu continuasse a adestrar Cycle, que pretendia usar como cão de guarda pessoal.

Mais de uma década depois, descobri que Ross tinha um bom motivo para desejar proteção: por trás da fachada sofisticada e da empresa lícita, ele vendia drogas. Depois de um tempo, acabou sendo preso e cumprindo pena por seus crimes.

À primeira vista, sair de uma respeitada academia de adestramento canino para lavar carros pode parecer um grande erro. Mas segui meus instintos, que, no fim das contas, estavam certos. Contanto que eu cumprisse meus deveres como lavador de carros, Ross me deixava treinar outros cães além de Cycle. Antes mesmo de eu começar a me perguntar como encontraria novos clientes, descobri que muitos figurões de Hollywood alugavam as limusines do meu chefe para ocasiões especiais. Sempre que algum famoso ou seus empregados apareciam para buscar um carro, Ross não parava de falar sobre o mexicano que trabalhava para ele e era ótimo com cachorros.

Não demorou muito para algumas dessas celebridades virem atrás de mim — Vin Diesel, Nicolas Cage e Michael Bay — e me encontrarem cheio de sabão. Quando me perguntavam se queria treinar seus cachorros, eu sempre dizia que sim. Aceitava o máximo possível de animais que conseguiria dar conta. Geralmente, eram uns dez; o máximo que treinei ao mesmo tempo foram 13 (o que se mostrou uma loucura). Mas não era apenas questão de eu precisar do dinheiro; o desafio também era bem-vindo. Ainda estava começando a desenvolver meus métodos, aprendendo o que funcionava ou não. E a única forma de fazer isso era treinando, treinando, treinando.

> ### Dos arquivos científicos
>
> **Todo mundo mente**
>
> Pesquisas forenses e sociais feitas pela Dra. Leanne ten Brinke, uma psicóloga forense da Faculdade de Administração Haas da Universidade da Califórnia, na cidade de Berkeley, sugerem que seres humanos são especialmente incompetentes em determinar se alguém está mentindo ou falando a verdade. Ao que parece, somos tão capazes de fazer avaliações precisas quanto de acertamos de que lado uma moeda vai aterrissar.[4]
>
> Isso é preocupante, uma vez que farsas e mentiras parecem ter dominado nossa cultura. Policiais e profissionais cínicos do judiciário costumam dizer que "todo mundo mente", e um estudo de J. T. Hancock, especialista em enganação e tecnologia na Universidade de Stanford, parece indicar que isso é verdade.[5] Estima-se que nós, seres humanos, mentimos em 14% de nossos e-mails, 37% das ligações telefônicas e 27% de conversas ao vivo — e isso apenas com as pessoas de que gostamos!

Autenticidade: vamos deixar Cycle ser quem ele é!

Cycle foi o primeiro cão a me ensinar por que a autenticidade é fundamental, tanto no mundo canino quanto no humano.

Ross pediu que eu transformasse o cachorro em um guardião feroz. Sempre gostei do desafio energético e físico do adestramento para proteção pessoal, porém, quanto mais eu conhecia aquele cão, menos queria trabalhar dessa forma com ele. Cycle era um rapaz muito inteligente, aprendia rápido os conceitos e comandos. E claramente ficava ansioso para fazer tudo o que eu pedia. Mas, após somente uma semana de trabalho, dava para ver que, apesar de ele ser da raça certa para um cão de guarda, Cycle simplesmente não tinha a energia adequada para o serviço.

Assim como qualquer cachorro pode ser reabilitado e reequilibrado, qualquer cachorro pode ser treinado. A maioria dos donos sabe como cada espécie pode ser esperta e versátil, como os cães são ligados aos desejos e vontades dos humanos. Mas isso não significa que o treinamento para uma espécie seja necessariamente a melhor escolha para aquele cão específico. Assim como forçar uma criança que nasceu para pintar a se focar apenas na matemática, ou uma criança quieta, que prefere ler, a entrar para um time esportivo, não costuma dar muito certo forçar um cão a entrar em um molde que segue apenas os desejos do dono.

Os cães são indivíduos, mas, com muita frequência, seu DNA e sua raça determinam as atividades apropriadas para eles. O galgo inglês, por exemplo, é conhecido pela boa visão, por sua capacidade de correr longas distâncias e perseguir presas. Ensiná-lo a farejar ou caçar pode ser mais complicado do que ensinar a um beagle, que tem bom olfato e naturalmente se volta para essas atividades. É bem provável que o galgo nem se interessasse por farejar. E o contrário valeria para o beagle, que pode aprender a perseguir um alvo, mas provavelmente o faria sem muita empolgação, pois prefere manter o focinho ao chão, sentindo cheiros.

No entanto, como no caso de Cycle, a energia é tão importante quanto a raça no que se refere a compreender as melhores tarefas para um cão. Tenho um ditado: "A energia é a energia." O que quero dizer com isso é que a energia com que um cachorro nasce não pode ser modificada por vontade humana nem por treinamento (os humanos podem chamar essa energia de "personalidade", mas um cão a interpreta como seu lugar natural no ambiente e na matilha).

De acordo com esse pensamento, um cachorro com baixa energia será medíocre em certas tarefas mais adequadas para cães com alta energia — por exemplo, assustar um ladrão —, independentemente de treinamento. Da mesma forma, um animal dominante de alta energia pode conseguir aprender as habilidades básicas para se tornar um cão de terapia tranquilo e tolerante — mas não será muito útil nem feliz.

Como a maioria dos rottweilers, Cycle tinha o porte musculoso e a imponente e intimidante mandíbula quadrada. Mas, por dentro, era um rapaz gentil, estabanado e brincalhão — um cão do meio da matilha. Ele tinha energia para gastar, mas não lidava bem com confrontos. Não era de sua índole.

Para ser um ótimo cão de guarda, o animal precisa agir como um líder confiante desde o berço. É esse tipo de cachorro que é usado pela polícia. Eles têm o instinto de se colocar diante do perigo. Se levarem um tiro, precisam continuar atacando o bandido. Não podem ser do tipo que se assusta com barulhos altos ou que foge quando alguém sai de trás de uma porta para lhe dar um susto. Devem seguir em frente até seu treinador mandar que parem.

Cycle não era assim. Ele não desgostava do adestramento de proteção, porque adorava aprender coisas novas — mas encarava aquilo como um jogo. Com seu espírito despreocupado, só queria brincar.

Como ele não podia ser autêntico durante o treinamento, o trabalho começou a parecer cada vez mais como programar um robô, em vez de realçar seus talentos. Eu tinha um problema em mãos. Queria agradar Ross e cumprir a função para a qual fora contratado, mas eu não estava lidando com uma máquina. Cycle era um indivíduo: um ser vivo, com sentimentos.

Certo dia, enquanto eu lavava uma limusine e pensava no que fazer em relação ao treinamento de Cycle, percebi qual era seu talento real: ele era extremamente esperto para aprender tarefas e truques complexos. Além disso, gostava muito de interagir dessa forma comigo.

Ao contrário do adestramento de proteção, que Cycle só fazia porque eu pedia, notei que ele parecia motivado e empolgado para aprender outros comportamentos mais adequados à sua personalidade animada. Como eu queria maximizar meu tempo com os cachorros que adestrava, tinha começado a inventar brincadeirinhas para alguns deles enquanto estava ocupado lavando os carros. Um dia, tive a ideia de transformar um inteligente pastor alemão chamado Howie em meu "assistente". Em algumas semanas, lhe ensinei a trazer um balde de água quando eu pedisse. Então me ocorreu que, agora que tinha alguém carregando o balde, talvez fosse uma boa ideia ensinar Cycle a trazer a mangueira.

Ele se mostrou um aluno muito aplicado. Parecia que tinha esperado a vida toda para aprender aquelas coisas! Cycle era tão grande e tinha uma mandíbula tão forte que meu maior problema foi lhe ensinar a não furar a mangueira com os dentes quando a puxava. Ross me obrigou a substituir todas as mangueiras furadas, o que foi complicado com meu salário baixo. Com o tempo, ensinei ao rottweiler não só a pegar a mangueira e levá-la até os carros, mas também a jogar água nas rodas para mim.

Acho que ele era mais perfeccionista do que eu. Quem via aquilo não acreditava que um cão de cinquenta quilos estava jogando água nas rodas de uma limusine. Durante o período de um ano e meio que passamos juntos, ensinei vários comportamentos e truques a Cycle, tanto coisas úteis quanto bobas. Era um cão que tinha encontrado sua vocação e estava louco para aprender mais.

Ross enfim aceitou o novo papel que criei para Cycle. Apesar de não ser o plano original que tinha para o rottweiler, meu chefe respeitava minha opinião sobre cachorros e se ajustou à nova situação.

No fim das contas, Cycle nunca virou cão de guarda pessoal do dono. Ele era ótimo para alertar sobre a presença de perigo e perfeito para bancar o rottweiler assustador que late para desconhecidos. Mas, no fundo, não era um cão de ataque. Nunca foi bom nisso porque não fazia parte de sua personalidade. Para ter sucesso como adestrador — e, mais importante, para ter um cachorro feliz e emocionalmente equilibrado —, é preciso trabalhar com a energia que se tem. É preciso deixar o cão ser *autêntico*.

Após trabalhar com Cycle, aprendi a confiar na minha intuição sobre os cachorros e a nunca forçá-los a ir contra quem são. Isso acabou se tornando uma parte importante da base dos meus métodos de reabilitação.

Mas eu demorei um pouco mais para conseguir aplicar essa lição sobre autenticidade a mim mesmo.

Porém, acima de tudo, para ser, nunca tente parecer.
— Albert Camus

Como os cachorros são autênticos

- Os cachorros nascem com certa energia que permanece com eles pela vida toda. Não é algo que possa ser modificado ou fingido.
- Cachorros não mentem. Com sua energia e linguagem corporal, eles sempre nos dizem exatamente o que estão pensando e sentindo em qualquer momento.
- Cachorros são incrivelmente sensíveis à autenticidade dos humanos. São capazes de sentir nossa energia e discernir nossas intenções na mesma hora.
- Cachorros são completamente sinceros uns com os outros. Eles logo sabem se outro cão se tornará um amigo, um inimigo ou um colega. Expressam quem são e o que querem de imediato.
- Cachorros são autênticos por natureza, e a autenticidade é crucial para seu equilíbrio e bem-estar. Por instinto, sabem o que deveriam estar fazendo — só precisam que os humanos os deixem fazer.

A criação de Cain

Cain era o rottweiler ideal: o pacote completo. Sua cabeça era enorme, com uma mandíbula quadrada e olhos penetrantes que encaravam as pessoas de forma intensa. Seu corpo era magro, mas muito musculoso, os pelos marrons e pretos brilhavam, e sua postura deixaria qualquer cão com pedigree no chinelo.

Apelidei Cain de o Presidente do Conselho, em homenagem a Frank Sinatra. Não eram apenas seus olhos de um azul profundo que me lembravam o famoso cantor; Cain nascera com um carisma formidável. Quando entrava em um cômodo, todos sentiam. E, como Sinatra, Cain nunca parecia exagerar; ele tinha elegância e classe. Sua energia poderosa era discreta, refinada, mas inegável.

Ele chegou a mim depois que finalmente abri meu próprio negócio. Após um ano e meio de trabalho, Ross vendeu sua empresa, mas me disse para conversar com o novo dono, porque "precisávamos um do outro". Esse cara, um sujeito chamado Waldo, me contou que queria proteção para seu armazém no sul de Los Angeles e que os membros das gangues tinham medo de cachorros de raça grandes e poderosos como os meus. Queria que eu patrulhasse o terreno com os animais todas as noites. Em troca, eu poderia usar o estacionamento ao lado, um lugar enorme e cercado por grades, para treiná-los. Ross tinha razão: era um acordo perfeito.

Eu já tinha economizado cerca de 15 mil dólares em todo aquele tempo trabalhando, lavando limusines e adestrando cães sem parar — mais do que o suficiente para abrir meu próprio negócio. Fui à prefeitura de Los Angeles e obtive um alvará por cerca de duzentos dólares. Esse foi o custo inicial total para abrir meu empreendimento.

Resolvi batizar a empresa de Dog Psychology Center por um motivo. Eu já sabia que não queria ser um adestrador de cachorros tradicional, porque não achava que o *adestramento* — como o trabalho que faziam na All-American Dog Training Academy — resolvia de verdade os problemas que os cães e seus donos enfrentavam nos Estados Unidos.

No fundo, eu acreditava que os americanos não entendiam do que seus cães precisavam para serem felizes. Mas, com o sucesso que obtive com meus clientes, já tinha notado que donos amorosos estavam dispostos a aprender. Na época, eu estava lendo bastante, tentando descobrir algo que sustentasse minhas teorias, e me deparei com um livro chamado *Dog Psychology: The Basis of Dog Training* [Psicologia canina: a base do adestramento de cães]. O autor, Dr. Leon F. Whitney, é um veterinário londrino reconhecido internacionalmente que descreveu de forma intelectual tudo o que eu já sabia instintivamente. Ele — a quem tive a honra de conhecer e agradecer pessoalmente em Cannes, na França, muitos anos depois — foi a inspiração por trás do nome da minha nova empresa.

Meus amigos e até minha ex-mulher achavam que eu estava louco. "Ninguém vai entender o que é um centro de psicologia canina", diziam. Mas insisti, porque sabia, no fundo, que era o nome certo. E, neste caso, ser autêntico valeu a pena.

O Dog Psychology Center original consistia em um terreno cercado e um armazém pequeno no distrito industrial do sul de Los Angeles. Não era grande coisa, e a região era barra-pesada. Mas tinha o tamanho certo, o aluguel era barato e o negócio finalmente era meu. As pessoas já comentavam que eu tinha talento para lidar com cães agressivos — agora, teriam um lugar consistente onde me encontrar.

O dono de Cain, o *linebacker* da NFL Roman Phifer — na época, jogador do Los Angeles Rams original — foi um dos meus primeiros clientes famosos. No que dizia respeito ao carisma e ao poder, Roman também era bem impressionante. Quando nos conhecemos, ele tinha 1,87 metro, pesava 110 quilos musculosos e era capaz de levantar 160. Também era extremamente inteligente. Jornalistas esportivos descreviam a maneira como se deslocava pelo campo como um jogo "tático" — mas ele não tinha ideia de como usar qualquer tática para melhorar o relacionamento com seu cachorro.

"Preciso de ajuda, cara", disse ele quando apareceu no centro com seus dois belos cães. Apontando para Cain, explicou: "Meu cachorro está atacando meus amigos!"

Como acontece com muitos clientes, o problema de Roman tinha a ver com a dinâmica de sua casa. Não se esqueça, quando as pessoas acrescentam cachorros às suas vidas, nem sempre sabem o que fazer com eles — e esse é com frequência o caso com raças fortes. É claro, esses animais são escolhidos por serem grandes, lindos e refletirem certo tipo de imagem. Porém, às vezes, os donos esperam que seus cães sejam perfeitos de cara, sem compreender do que um animal precisa para se sentir equilibrado e satisfeito.

Quando Roman o trouxe para mim, Cain era adolescente, que é a fase mais complicada no desenvolvimento canino. Assim como na adolescência humana, é uma fase de testar seus limites e forçar a barra — e, pela primeira vez, descobrir as limitações do dono humano.

Roman era jovem, solteiro e passava muito tempo em sua casa com outros jogadores jovens e solteiros do seu time. Como também era um macho forte, automaticamente presumira que o rottweiler baixaria a cabeça para ele e seus amigos machões. Mas o cachorro tinha mais consciência do próprio poder que o dono. Cain não seria o mascote bonitinho e obediente de ninguém.

Acontece que alguns dos melhores amigos de Roman tinham um medo secreto de cachorros — especialmente de raças poderosas como rottweilers. Eles escondiam seus sentimentos, é claro, mas Cain percebeu imediatamente o que estava acontecendo. Toda aquela energia masculina cheia de testosterona e adrenalina gerada por Roman e os amigos tornava o cão ainda mais poderoso, e ele estava determinado a se colocar como um igual no círculo de amizades de Roman. Quando os amigos do dono tentavam botar banca, Cain mostrava que sabia o segredo deles, rosnando e mordendo. Seu recado para o grupo era: "Não me subestimem. Eu nasci para ser que nem vocês."

Sem saber o que fazer

Roman não sabia o que fazer com Cain, então, depois que o cachorro já estava em sua casa havia cerca de um ano, ele o trouxe para o centro. O que ninguém sabia na época era que eu também estava perdido.

Era 1994, e eu tinha acabado de casar com minha namorada de 19 anos depois de descobrir que ela estava grávida. Estávamos namorando havia apenas dez meses, e não nos conhecíamos muito bem. Aos 24 anos, eu com certeza não planejava me casar tão cedo. No entanto, meus pais me ensinaram a tratar as mulheres com respeito, e eu queria fazer a coisa certa.

A cerimônia mal tinha acabado quando percebi que não estava nem um pouco pronto para um casamento e um filho. Na época, eu nem sequer tinha uma conta no banco. Morava com seis cães em uma casa de um cômodo só, nos fundos do quintal de um amigo, e praticamente todo meu dinheiro ia para a empresa, que ainda não era lucrativa. Eu cobrava só dez dólares por dia para alojar e adestrar cada cachorro. Apesar de estar sempre trabalhando com uma média de 15 a cinquenta cachorros, nem metade deles vinha de clientes pagantes que queriam solucionar problemas de comportamento. Os outros eram vira-latas que eu pegava de sociedades protetoras ou encontrava pelas ruas.

Eu também não tinha nenhum parente nos Estados Unidos, portanto minha única conexão de família eram os pais e irmãos da minha esposa, que eram de origem latina, mas que adotavam valores norte-americanos. Eu não tinha ideia de como integrar os rígidos papeis de gênero do meu país nativo com as expectativas da minha esposa muito americana.

Quando meu primeiro filho, Andre, nasceu, virar pai deixou tudo ainda mais confuso para mim. Eu queria ser respeitado, mas havia misturado a ideia de respeito com medo. Da mesma forma que os amigos de Roman do futebol americano, eu tinha muitos medos secretos que preferia ocultar. Estava desesperado por algum exemplo real de como me transformar no homem que sempre quis ser.

Quando olho ao meu redor, sempre descubro o quanto é importante ser fiel a si mesmo... Não saia em busca de uma personalidade bem-sucedida e tente imitá-la.

— Bruce Lee

Usando a máscara errada

Certo dia, nessa época — quando eu tinha uns 20 e poucos anos —, vi que *Scarface* estava passando na televisão. Meus amigos falavam muito sobre o filme, então decidi assistir. O personagem principal — um traficante de cocaína chamado Tony Montana, interpretado por Al Pacino — me deixou impressionado. Ele me lembrava os tipos poderosos e durões que eu conhecera quando garoto — chefes do tráfico ao estilo de El Chapo. Em nossa vizinhança pobre em Mazatlán, vivíamos próximos ao crime. Na escola, muitos de meus colegas idolatravam o poder dos mandachuvas ricos que ostentavam sua fortuna e se aproveitavam do medo para controlar a cidade.

Na época, morando e trabalhando na região centro-sul de Los Angeles, meus vizinhos de porta eram membros das gangues negras e hispânicas que dominavam as ruas na década de 1990. Aquela era a definição de poder que eu via ao meu redor — o tempo todo, diariamente.

Al Pacino é um ator convincente, e sua interpretação deu vida a Tony Montana. Não havia limites para o que o personagem queria conquistar. Eu também tinha sonhos grandes, e essa característica me chamou atenção. Além disso, Tony não sentia medo de nada. Havia certa urgência em mim para ser destemido na busca por meus sonhos — apesar do meu pavor secreto diante do novo papel de marido e pai.

Então, tomei a decisão impulsiva de agir de maneira destemida e implacável, como Tony. Não importava que esse comportamento não refletisse de forma alguma minha verdadeira índole. Adotar aquela *persona* era uma forma de me proteger da insegurança que eu sentia.

Mas levei minha inspiração ao extremo. Comecei a falar feito Tony, imitando seu estilo. Na época, eu pagava em dinheiro para um adolescente da região, Andreas, me ajudar no centro à tarde, e às vezes também contratava seu irmão mais novo. Os dois ficaram chocados quando me viram passar de chefe tranquilo e razoável para um tirano exigente e antipático. Também me tornei hostil e mandão em casa. Minha esposa não sabia o que estava acontecendo comigo, e não gostou nem um pouco. Para ser sincero, eu também não gostava. Mas era um alívio ter uma máscara para esconder minhas inseguranças — e, na época, parecia um tipo de solução.

Nunca minta para um cachorro

Não demorou muito para minha imitação machona de Tony Montana começar a me prejudicar em outras áreas da vida. Antes de eu assumir essa *persona*, tudo ia bem; nunca tivera contato direto com as gangues que mandavam nas ruas em que o Dog Psychology Center ficava, e todos coexistíamos em paz. Eu era, inclusive, respeitado por elas, porque caminhava e andava de patins pelas redondezas com uma matilha de cachorros fortes perfeitamente alinhados.

Os comerciantes locais também tinham notado minha presença e começaram a me pagar para que patrulhasse suas propriedades com meus cães todas as noites. (Achei que eles eram loucos, porque eu já passava com os cachorros por todos aqueles depósitos e estacionamentos. Mas fiquei feliz com o dinheiro!) Como resultado dessas caminhadas noturnas, as ruas e os becos se tornaram mais limpos. Depois das seis da tarde, as pessoas tinham o hábito de jogar seu lixo, móveis velhos e outras porcarias nas calçadas; quando começaram a comentar que havia cães bravos patrulhando a região, todos pararam com isso.

Os membros das gangues não sabiam como todos aqueles cachorros me obedeciam — andando, muitas vezes, todos sem coleira. Era algo que simbolizava poder para eles, então me deixavam em paz. Porém, depois de me transformar em Tony Montana, comecei a agir como um delinquente também. Eu caminhava com gingado. Mudei a forma como me vestia, deixando de lado as roupas casuais de trabalho e passando a usar os trajes chamativos dos gângsteres de Miami que Al Pacino usa no filme. Até falava desaforos para os membros de gangues com quem cruzava, quase chegando em um nível de desrespeito que eles não tolerariam por muito tempo. Em retrospecto, não consigo acreditar nos riscos idiotas que corri para manter minha pose de durão. Mas, na época, achava que estava mandando bem.

Foram os cachorros da minha matilha no Dog Psychology Center que acabaram com minha imitação de Tony Montana. Eu estava treinando seis rottweilers enormes (incluindo Cain), além do meu pit bull Daddy, que ainda era só um filhote. Até então, o "segredo" por trás de minhas habilidades como "domador de cães" era minha energia calma, confiante. Os animais respeitam esse tipo de energia naturalmente e, quando lhe aceitam dessa forma, escutam e seguem você. Mas ser confiante não significa ser agressivo! E minha *persona* de Tony Montana era extremamente agressiva. Os cachorros entendem esse tipo de energia como instabilidade — e, como eu sempre disse, os humanos são os únicos animais que seguem líderes instáveis.

Cain era o cão mais dominante da matilha e foi o primeiro a perceber minha farsa. Quando eu gingava pelos arredores, ele fazia duas coisas: primeiro, imitava minha energia arrogante; depois, roubava minha posição de liderança ao me desobedecer (quando os outros cachorros viam sua desobediência, também se rebelavam). Para Cain, meu comportamento de Tony Montana era mais um desafio lançado por um cara que se fazia de durão, mas, por dentro, era inseguro. E como eu, o líder humano, estava agindo de maneira tão instável, ele simplesmente assumiu o controle da matilha.

Qualquer equipe que tenha dois líderes dando instruções completamente diferentes vai acabar entrando em um caos, e foi isso que aconteceu com minha matilha. Os cachorros tinham a mim e a Cain — e, de nós dois, o rottweiler era o único que sabia quem era de verdade. Quando eu saía com o grupo para uma caminhada, todos se dispersavam.

Eu era jovem e estava confuso. No começo, não entendi qual era o problema. Mas, quando comecei a perder o controle dos cães, os gângsteres pararam de me respeitar. Como eu me vestia como um traficante e andava como se fosse dono da rua, estava me tornando um alvo.

Certo dia, encontrei um amigo que me conhecia desde meus primeiros dias em Los Angeles. Observando meu comportamento e como eu tinha mudado, ele perguntou: "Qual é o seu problema? Quem você acha que é?" Eu o encarei, confuso. "Se você continuar agindo assim, vai acabar levando um tiro ou perdendo o controle de todos os cachorros", concluiu ele, sério.

Dos arquivos científicos

Enganar um cão é perder sua confiança

Em uma edição de 2015 da revista especializada *Animal Cognition*, há um estudo de cientistas da Universidade de Kyoto, no Japão, que afirma ter fortes evidências de que as pessoas que enganam seus cães correm o risco de perder a confiança deles a longo prazo.[6]

Os pesquisadores japoneses inicialmente disponibilizaram aos cães dois recipientes fechados e opacos: um continha comida, o outro estava vazio. Na rodada inicial do estudo, os cientistas indicaram claramente qual era o recipiente com a ração antes de permitir que os cães a encontrassem. Na rodada seguinte, enganaram os animais de propósito, indicando o recipiente vazio. Finalmente, os mesmos pesquisadores ofereceram o recipiente com comida, assim como fizeram na primeira rodada — e se depararam com resultados bem diferentes. Desta vez, apenas 8% dos cães seguiram as orientações humanas.

O estudo concluiu que os animais estão muito cientes das pessoas que lhes dão informações falsas. Em outras palavras, todos os cachorros podem ser enganados uma vez na vida. Depois disso, é você quem perde, porque talvez nunca mais consiga recuperar a confiança deles.

Naquele momento, a ficha caiu, e percebi que o comportamento imprevisível dos cães estava sendo causado pela minha própria falta de autenticidade. Eles tinham deixado de me levar a sério e não queriam mais me seguir. No mundo animal, líderes da matilha precisam ser autênticos; caso contrário, emitem um sinal claro de instabilidade. Os cachorros podem até tolerar tal comportamento, mas não o querem perto de si.

A morte de Tony Montana

Para mim, Tony Montana foi a solução errada para um problema real. Quando encarei uma situação que me deixava confuso, inseguro e assustado, adotei uma *persona* falsa — baseada, ainda por cima, em um personagem fictício de cinema — por trás da qual me escondi. Ironicamente, essa escolha imatura, que tomei para me proteger, poderia ter arruinado meu relacionamento com os cães de forma permanente — e prejudicado minha nova empresa.

Minhas habilidades naturais com os cachorros são e sempre foram completamente dependentes da minha autenticidade e honestidade completa com os animais com quem trabalho. Fazer o que eu faço requer uma energia calma e confiante que vem do meu âmago; nunca é fingimento. Se tivesse seguido por aquele caminho artificial, teria sido incapaz de ajudar os cães de maneira consistente, e, com o tempo, minha empresa provavelmente teria falido. Sem saber, eu quase sabotei meu sonho de vida quando não quis admitir meus medos e fraquezas e quando evitei enfrentá-los para crescer.

Cain me ensinou que ser eu mesmo era suficiente — ainda que esse "eu" nem sempre sentisse confiança em relação a seu lugar no mundo humano. Os cachorros têm a paciência de permitir que resolvamos nossos problemas — contanto que não façamos uso de uma energia falsa ou instável quando interagimos com eles. Tudo o que querem é honestidade. E não merecem menos do que autenticidade. E, para nos tornarmos mais autênticos, com frequência devemos desaprender muito do que acreditamos ser necessário para ter "sucesso" no mundo humano. A melhor resposta é sempre estarmos conectados aos nossos instintos mais básicos, honestos e honrosos.

Para acabar de vez com Tony Montana, tirei uma foto de mim mesmo. Então, peguei uma imagem de Al Pacino caracterizado e colei meu rosto sobre o dele. Até hoje tenho essa colagem em casa, para me lembrar da época em que eu não era autêntico.

A recriação de Cain

No fim das contas, Cain sabia exatamente quem era e o que nascera para ser; ele não precisava de conserto algum. Mas eu e seu dono, sim.

Como consequência, ajustei meu comportamento e jurei sempre ser verdadeiro comigo mesmo e com meus cães. Isso me ajudou a recuperar minha relação com Cain. Criamos uma nova conexão profunda, participando de atividades recreativas e despreocupadas. Nós íamos à praia de Malibu e brincávamos com uma bola em um ambiente diferente e natural. Corríamos juntos pelas colinas e mergulhávamos nas ondas revigorantes do mar. Fazíamos várias coisas divertidas, bobas e prazerosas para deixar seu lado brincalhão aflorar e reestabelecer sua confiança em mim: eram atividades opostas àquelas que incentivariam seu lado dominante.

Depois, mudei o foco para o dono de Cain, Roman, e comecei a tentar ajudá-lo na prática de um estilo de liderança calmo e confiante com seu cão. Eu o ensinei a reconhecer na mesma hora quando Cain estava desconfortável com alguém (especialmente seus amigos com fobia de cachorro, que gostavam de botar banca de corajosos, mas sentiam medo).

Dos arquivos dos famosos

Alec e Hilaria Baldwin

Meu cliente Alec Baldwin é conhecido como um dos atores mais ocupados e dedicados do mercado. Seu trabalho é criar personagens e usar máscaras. Fora dos estúdios, ele tem uma enorme reputação como um cara que não tem medo de falar o que pensa, algo que pode irritar muita gente. Para ele, é frustrante não conseguir se livrar dessa imagem unidimensional.

"Alec é incompreendido por muita gente", diz sua esposa, Hilaria, uma conhecida professora de ioga em Manhattan. "Quando ele anda na rua, é uma figura muito notável. Esse excesso de reconhecimento pode ser cansativo, especialmente morando em um lugar movimentado como Nova York. Não há onde se esconder. Sua vida pública é muito caótica. Mas o que amamos em nossos cachorros é que os dois não fazem ideia do quanto Alec é famoso. Eles o amam incondicionalmente, da mesma forma como são amados incondicionalmente. É uma relação muito pura — talvez a mais pura de toda a sua vida."

> Os cães de Alec sabem exatamente quem o dono é, no seu coração e na sua alma. Eles não veem o homem que usa máscaras nem o sujeito controverso que fala o que pensa, às vezes de forma grosseira, na televisão ou nos jornais. São bem-comportados e equilibrados porque só conhecem o lado autêntico do dono. Por sua vez, eles mostram a Alec um lado de si próprio que o público não costuma ver.
>
> Os cachorros nos dão o presente inestimável de nos permitir relaxar e sermos nós mesmos, com todos os nossos defeitos — e recebermos amor incondicional mesmo assim.

Dois anos depois, Roman se casou, e trabalhei com ele e Cain para ajudar a convencer sua esposa de que seria seguro manter o cão perto do bebê do casal. Anos depois, quando Roman se divorciou, ele entrou em contato mais uma vez para que eu ajudasse Cain a criar um relacionamento saudável com sua nova namorada e o pequeno chihuahua dela.

O final feliz de Cain? Ele nunca mais foi agressivo com os amigos do dono. Na verdade, Roman e a família sempre o levavam junto em viagens; ele se tornou um membro confiável da família e "irmão mais velho" canino dos filhos do dono.

Nunca vou me esquecer daquele rottweiler impressionante e da lição fundamental que ele me ensinou sobre ter autoconfiança.

Os quatro mundos

Transformei muitas das coisas que aprendi com os cachorros em conceitos simples que podem ser facilmente ensinados e digeridos. Um deles tem relação direta com a ideia de autenticidade e trata do que chamo de "os quatro mundos".

Acredito que a existência humana seja composta de quatro maneiras muito diferentes de observar e encarar os eventos em nossas vidas e nossas interações com os outros. São elas:

> *O mundo espiritual*
> *O mundo emocional*
> *O mundo intelectual*
> *O mundo instintivo*

Para ilustrar o que quero dizer, aqui vão alguns exemplos. Um padre pode passar a maior parte do seu tempo no mundo espiritual, enquanto um analista de dados habita principalmente o intelectual. Um escritor de romance vive nos mundos intelectual e emocional, e um fazendeiro talvez passe boa parte da vida no instintivo.

Nós podemos ir de um mundo a outro dependendo do ambiente ou da circunstância. Por exemplo, uma advogada que fica no plano intelectual enquanto está no trabalho pode voltar para o emocional quando chega em casa e encontra os filhos. Porém, a maioria das pessoas tem um mundo dominante.

O mais importante a se ter em mente é isto: *Independente de qual dos quatro mundos você habita em dado momento, é ele quem influencia a forma como vê a vida e define sua realidade.* Por sua vez, essa realidade irá moldar seu relacionamento com todas as outras pessoas, animais e coisas. Ela também determina sua resposta a qualquer situação em qualquer momento.

Se você passa mais tempo no mundo intelectual e interage com uma pessoa do mundo emocional, ela pode sentir que não recebe compaixão ou empatia suficiente da sua parte. Se estiver no mundo espiritual e interagir com alguém do intelectual, você pode parecer supersticioso ou irracional. Reconhecer os quatro mundos e identificar em qual passamos mais tempo nos ajuda a estabelecer uma comunicação e uma compreensão melhores. E a comunicação abrangente e clara sempre aumenta a autenticidade.

Enquanto a maioria dos humanos costuma alternar entre os planos intelectual e emocional, os cachorros — como todos os animais — são residentes permanentes do mundo instintivo. Eu sempre me mantenho no mundo instintivo quando trabalho com um cão problemático, para poder me relacionar com ele no seu nível.

Lembre-se de que o Todo-Poderoso, que nos deu os cães para acompanharem nossos prazeres e nossa labuta, os investiu de uma natureza nobre e incapaz de mentiras.

— Sir Walter Scott

Os humanos podem mentir, mas os cachorros nunca o fazem

Quando me chamam para avaliar um cão problemático, geralmente me sento e escuto o cliente ansioso me contar uma história longa e detalhada sobre como e por que seu animal é desobediente. Mas, na minha experiência, a causa do problema quase nunca é aquela que o dono descreve.

É claro, eu presto atenção e observo as emoções e o drama que o cliente transmite com sua história, que claramente se tornaram partes importantes da narrativa. Então, olho para o cachorro. Ele vai me dizer: "Meu dono é emocionalmente desequilibrado, e eu tenho medo." Ou: "Meu dono me ignora, e estou entediado. É por isso que eu destruo os móveis." Os cães sempre me dizem na mesma hora o que realmente vem acontecendo em suas casas e com seus donos. É por isso que sempre digo: os humanos me contam a história, mas os cachorros me contam a verdade.

A reconexão com seu eu instintivo

Os instintos de um cachorro não são premeditados. Quando eles mordem, é porque se sentem assustados ou desafiados, não porque não gostam de você ou se ofenderam com algo que ouviram. Suas ações são instintivas, o que significa que eles agem de forma autêntica. Se seguirmos seu exemplo, podemos dar os primeiros passos para nos tornarmos mais verdadeiros.

Lição canina Nº 4

Como ser autêntico

- ⊘ Esteja ciente dos seus instintos, lembrando que sua primeira reação ou resposta geralmente é a mais autêntica (talvez nem sempre seja a mais correta, mas será a mais verdadeira).

- Observe a linguagem corporal dos outros. O corpo quase nunca mente (especialmente os olhos).
- Desconfie quando sua voz interior alertar sobre as possíveis consequências de falar a verdade. Sua voz interior dirá: "Não posso falar tal coisa, porque serei demitido" ou "Não posso comentar isso, porque a pessoa nunca vai entender." Desafie essas suposições, porque elas costumam estar erradas e sempre nos tornam menos autênticos.

Lição 5: Perdão

*Os cães, por um motivo que só pode ser descrito como
divino, têm a capacidade de perdoar, de deixar
o passado para trás e de viver cada dia com
alegria. É algo que o restante de nós almeja.*

— Jennifer Skiff, *A divindade dos cães*

As testemunhas depois diriam que ouviram o uivo primeiro: os gemidos insuportáveis e agonizantes de um animal inocente sentindo uma dor torturante. Era o tipo de som que faz parar o coração de qualquer pessoa solidária.

Os gritos se aproximavam cada vez mais. Na vizinhança violenta e pobre do centro-sul de Los Angeles, mais pessoas foram até suas janelas. Várias saíram de casa para ver o que acontecia.

Então, cambaleando pela rua, surgiu a bola de fogo. Uma labareda, o cheiro repugnante de gasolina e carne queimando, e, por baixo, a cadela, correndo em direção às pessoas com a boca aberta, os olhos arregalados de medo.

A situação era terrivelmente óbvia: alguém colocara fogo na pit bull.

Entre os curiosos, alguns bons samaritanos correram para ajudar a pobrezinha, jogando um lençol sobre as chamas, trazendo toalhas frias e molhadas, acalmando-a até o pessoal do centro de controle de zoonoses aparecer. Ela chegou viva à clínica, e os veterinários da emergência se apressaram para cuidar das queimaduras de terceiro grau, feias e em carne viva, que cobriam suas costas musculosas.

Semanas depois, a Hearts and Tails, uma pequena, porém dedicada, sociedade protetora de animais tirou a pit bull da clínica e passou a cuidar dela. Seus salvadores lhe deram o nome de Rosemary.

Rosemary era uma delicada pit bull de raça mista, branca e marrom, que fora expulsa de uma rinha ilegal de cachorros. Nunca descobrimos como ou por que puseram fogo nela, mas não havia dúvida de que o ato fora proposital. Talvez Rosemary tenha irritado seus captores. Talvez tenha perdido uma briga importante, e eles resolveram descartá-la. Porém, é mais provável — visto que ela era tranquila e pequena — que a usassem como isca para ensinar os outros cães a matar. Talvez seus torturadores não tenham se irritado, mas apenas se sentissem um pouco mais sádicos do que o normal naquele dia. Independe do motivo — e creio não existir explicação para um ato tão cruel —, jogaram gasolina em suas belas costas, acenderam um fósforo e riram enquanto ela corria pelas ruas da região centro-sul de Los Angeles, as chamas laranja se projetando do seu corpo enquanto ela berrava pela dor e pela traição.

Graças a Deus pelos grupos de protetores que, como eu, acreditam que nenhum animal — não importa quantos danos tenha sofrido pela natureza, por acidente ou por seres humanos — merece ser jogado fora. Essas pessoas são as almas mais solidárias do planeta — e também as mais fortes, porque veem de perto a forma como o homem pode abusar, negligenciar e até torturar cachorros. É o pior lado da nossa natureza sendo exposto, todos os dias. Quando vemos o que uma pessoa é capaz de fazer com um animal inocente e indefeso, perdemos a fé na humanidade.

As almas caridosas do Hearts and Tails pagaram as contas de Rosemary na clínica arrecadando doações na época em que ela passava por um tratamento intensivo para curar as queimaduras. Depois que a cadela começou a melhorar, recebeu alta da clínica e foi levada para uma casa temporária, onde iniciaria um longo processo de recuperação física e psicológica. Porém, logo ficou claro que não apenas seu corpo tinha sido permanentemente danificado pelos humanos, mas também seu coração.

Rosemary se tornou agressiva desde o momento em que saiu da clínica, rosnando e atacando os protetores que tentavam lhe ajudar. Durante um passeio com a mulher que cuidava dela, atacou dois idosos. Caso não estivesse acompanhada por protetores experientes e dedicados, com certeza teria sido sacrificada. Mas essas pessoas sabiam das coisas às quais ela sobrevivera e queriam lhe dar mais uma chance de ter a vida que merecia. Então a trouxeram para mim, como seu último recurso.

Até hoje, ainda me emociono com a profunda lição que Rosemary me ensinou sobre o perdão.

As pessoas que incitam um animal contra o outro não têm coragem de arrumarem briga por si. São apenas covardes de segunda categoria.

— Cleveland Amory

A reconstrução da confiança

A descrição que recebi de Rosemary foi de uma cadela mortal e perigosa, mas logo reconheci que sua agressão vinha apenas do medo. No fundo, era um animal de energia baixa, do final da matilha, e não tinha qualquer vontade de brigar (e talvez por isso fora rejeitada por seus donos na rinha). Ao examinar seu corpo cheio de cicatrizes, vi que não fora usada para reprodução, porque nunca tivera uma cria. Os donos das rinhas geralmente buscam fêmeas mais dominantes para produzir filhotes.

Como faço com todos os cães, deixei Rosemary se acostumar comigo ao seu tempo. Eu a separei do restante da matilha nos primeiros dias e fiquei simplesmente sentado ao seu lado, em silêncio, esperando que se aproximasse quando se sentisse pronta. A primeira vez em que isso aconteceu, ela lambeu meu rosto, então suspirou e apoiou a cabeça no meu colo. Ficou evidente que a verdadeira Rosemary era gentil por natureza e extremamente carinhosa. Ela atacava as pessoas porque estava acostumada a fazer isso. Em seu passado de rinhas, associou humanos a dor e abuso, então atacava primeiro, na defensiva. Ela os pegaria antes que pudessem machucá-la.

Conviver com minha matilha — que, na época, tinha crescido para cerca de quarenta ou cinquenta cães — também ajudou o coração de Rosemary a se curar. Os cachorros não se importam se o outro tem cicatrizes de queimaduras, se perdeu um olho ou uma perna. A única coisa que interpretam é a energia dos companheiros — e Rosemary, apesar de tímida no começo, tinha um comportamento carinhoso e meigo que foi imediatamente aceito.

Conforme ela passava mais tempo na companhia acolhedora dos cachorros da matilha, da minha esposa, dos meus filhos e dos humanos amorosos do Dog Psychology Center, começou a desabrochar. Eu instruía todos os visitantes do centro a se aproximarem dela com respeito, lhe dando espaço e seguindo minhas regras para conhecer qualquer cachorro: nada de tocar, conversar nem fazer contato visual no começo.

Observar Rosemary desenvolver confiança e afeição por pessoas pela primeira vez foi uma experiência muito espiritual para mim. Sua capacidade de perdoar era quase divina. Lá estava uma cadela que passara a vida sofrendo os abusos mais extremos nas mãos dos humanos — e, mesmo assim, deixara de atacar os protetores, na defensiva, e passara a esfregar o focinho carinhosamente nos meus filhos pequenos, Calvin e Andre, quando os dois iam para o centro depois da escola para brincar com os cachorros.

Errar é humano — perdoar é canino.

— Anônimo

Dos arquivos dos famosos

Kesha

A cantora, compositora, rapper e atriz Kesha (cujo nome completo é Kesha Rose Sebert) tem um profundo amor e respeito pelos animais. Como primeira embaixadora internacional da Humane Society dos Estados Unidos, ela participa de campanhas contra os testes em animais no mundo todo. Durante sua jovem vida, já ajudou a resgatar centenas de bichos, muitos dos quais vítimas de abandono, abuso ou negligência. E, assim, viu de perto a capacidade que eles têm de perdoar.

"Os cachorros simplesmente confiam em você. É tão incondicional e puro e lindo", diz ela. "Sinto que minha alma, quando comecei a seguir este caminho, também era assim. Mas, com o passar dos anos, é difícil não ficar saturada. E o espírito dos animais é algo a se almejar, porque é tão bonito e puro — sempre tento me lembrar disso."

Recentemente, a própria Kesha teve problemas durante uma batalha judicial pública de dois anos contra seu antigo produtor. Em 2016, ela solicitou que o processo fosse indeferido para que pudesse seguir com sua carreira. Observar os cães seguirem em frente e prosperarem depois de sofrerem abusos ou negligência inimagináveis é uma inspiração para a artista sobre como superar as muitas adversidades e traições na sua vida.

Rosemary encontra seu propósito

Rosemary tinha ainda mais a oferecer à matilha do que apenas sua crescente capacidade de confiar. Em toda a natureza — entre baleias, primatas, e especialmente lobos —, cada animal tem seu lugar. Na verdade, a sobrevivência de muitas espécies depende de uma tradição de "mães solteiras" ou fêmeas mais velhas bancando as "babás" para a geração recém-nascida. E Rosemary nascera para ser babá.

Nessa época — só dois anos depois de eu ter aberto o Dog Psychology Center —, as pessoas da nossa vizinhança no centro-sul de Los Angeles começaram a nos tratar como se fôssemos um abrigo de animais. Elas deixavam cadelas grávidas ou caixas cheias de filhotes abandonados em nosso portão. Nunca recusávamos ninguém; reabilitávamos aqueles com problemas de comportamento e depois entrávamos em contato com alguma das sociedades protetoras com as quais trabalhávamos para que nos ajudassem a encontrar bons lares para eles.

A primeira vez em que Rosemary me viu carregando uma caixa de filhotes, ficou radiante. Depois disso, se tornou inseparável dos pequenos. Se eles fossem novos demais e precisassem ser alimentados com um conta-gotas, ela ficava esperando para lambê-los depois. Se precisassem de uma figura materna para se aconchegarem à noite, ela oferecia o calor do seu corpo cheio de cicatrizes para mantê-los seguros.

Sempre que uma mãe grávida ou filhotes órfãos entravam temporariamente para nossa matilha, ela se tornava sua babá oficial. Seu estoque de carinho e afeição era infinito. Além disso, era ótima em discipliná-los. Filhotes precisam de restrições e limites firmes, que aprendem com as mães. É também dessa maneira que desenvolvem a habilidade de socializar com outros cachorros (e esse é o motivo pelo qual muitos filhotes vindos de canis de reprodução apresentam problemas de comportamento). Nesses lugares, as mães são tratadas como máquinas de fazer cachorros, e geralmente ficam tão estressadas e maltratadas com essa vida de torturas que não conseguem educá-los direito. Seus bebês nunca aprendem a se comportar como cachorros. Rosemary se certificava de que todos os pequenos que passassem pelo Dog Psychology Center sairiam com um doutorado em socialização canina!

Seu espírito gentil e amoroso e sua capacidade de perdoar e seguir em frente foram uma inspiração para todos que a conheceram — e para muitos que apenas ouviram sua história.

Tanto a ser perdoado

Os cães de briga de Michael Vick

No início de abril de 2007, uma tropa de agentes federais e policiais locais ocupou uma propriedade de seis hectares na Virgínia. Conhecido como o Bad News Kennels [Canil Más Notícias], o lugar pertencia a Michael Vick, quarterback do Atlanta Falcons. Lá dentro, encontraram provas de uma rinha de cachorros secreta e multimilionária. Foram confiscados mais de setenta cães sob cativeiro, a maioria pit bulls. Muitos apresentavam ferimentos graves.

Michael Vick se declarou culpado e foi preso — mas o que aconteceria com os pit bulls libertados? A política da Associação Americana para a Prevenção de Crueldade contra Animais era de que todos os cães de briga fossem sacrificados. Mas, uma equipe de voluntários dedicados e determinados lutou para que isso não acontecesse.

Em seu livro *The Lost Dogs: Michael Vick's Dogs and Their Tale of Rescue and Redemption* [Os cachorros perdidos: os cães de Michael Vick e sua história de resgate e redenção], o escritor Jim Gorant narra a história do resgate e da redenção das vítimas caninas de Vick. Uma equipe de especialistas avaliou o comportamento de 49 dos cães salvos e concluiu que apenas 16 poderiam ir diretamente para abrigos, para serem adotados. Dois eram adequados para trabalhar com a polícia, e trinta foram enviados para um santuário — um local onde cachorros considerados perigosos para adoção podem viver em um ambiente agradável enquanto são alimentados e cuidados por humanos carinhosos. Apenas uma

> cadela — que fora obrigada a se reproduzir até chegar ao ponto de ficar enlouquecidamente agressiva — teve que ser sacrificada.
>
> Oito anos depois, todos os que adotaram os cães ainda se surpreendem com a forma como seus animais superaram o passado — e com sua capacidade especial de amar. Eles são exemplos impressionante da propensão dos cães a perdoar.

Popeye

Popeye e Rosemary foram membros da minha matilha na mesma época. Popeye, um pit bull robusto e de raça pura, era outra vítima da indústria das rinhas. Ele foi encontrado após ser jogado na rua pelos captores. Tinha acabado de perder um olho em uma briga, e, quando o ferimento cicatrizou, ficou com uma aparência libertina de pirata. Enquanto ele se ajustava a essa nova perspectiva estranha de só enxergar o mundo com um olho, ficava desconfiado dos outros cães e era agressivo para, assim, esconder sua vulnerabilidade. Quando essa agressão também passou a ser direcionada a pessoas, os protetores que o resgataram o trouxeram a mim.

Ao contrário de Rosemary, Popeye fora criado para lutar, então seus donos anteriores encorajavam o lado dominante e violento de sua natureza. Quando o conheci, ele era um rapaz tenso, com instintos de cachorro alfa e uma energia poderosa, que às vezes se tornava agressiva quando sentia alguma ameaça (o que sempre era o caso no início). Quando comecei a trabalhar com ele, eu precisava estar alerta o tempo todo, pois se, por algum motivo, Popeye se sentisse inseguro, poderia me atacar. Mas, assim como aconteceu com Rosemary, o ambiente tranquilo, sociável e bem-estruturado da matilha acabou tendo um efeito calmante, da mesma forma que os humanos respeitosos que queriam ajudá-lo a se curar. Após cerca de seis meses, ele se integrou à nova vida no Dog Psychology Center e nunca mais foi agressivo com as pessoas.

> *Os cães nos mostram uma habilidade infinita de perdoar. Acho que seu poder de perdão é relacionado ao fato de que vivem no presente. Eles não guardam rancor, o que é uma lição importante para nós.*
> — Dr. Andrew Weil

Você *não* é a sua história

Tanto Rosemary quanto Popeye se tornaram cachorros famosos no Dog Psychology Center e participaram de muitos dos primeiros episódios de *O Encantador de Cães*. Seus defeitos físicos faziam com que se destacassem dos outros membros da matilha. As pessoas viam as cicatrizes de Rosemary e o olho de Popeye e perguntavam: "Ah, o que aconteceu com eles?" Apesar da enorme curiosidade de todo mundo, eu me sentia desconfortável tendo que contar suas tragédias o tempo todo.

Isso acontecia porque uma das lições mais importantes que os cães podem nos ensinar sobre o perdão é que *não somos a nossa história*. Eles não se apegam ao passado como nós. As lembranças podem ser preciosas, mas, se formos impedidos de realmente apreciar o momento ou seguir em frente porque ficamos revivendo incidentes que deveriam ser esquecidos, precisamos respirar fundo — e ver cachorros como Rosemary e Popeye como exemplos inspiradores.

Muitos dos meus clientes se preocupam excessivamente com o passado dos cães — bem mais, na verdade, do que os próprios animais. Especialmente quando adotam cachorros resgatados ou vítimas de abuso, os donos com frequência criam suas próprias histórias criativas sobre o que *pode* ter acontecido com o cão antes de entrar em suas vidas. "Ela devia ser muito chutada, porque tem medo de botas." "Ele não entra na van — acho que deve ter sido jogado de uma!" Até quando uma história de negligência e abuso é verdadeira, os donos, sem saber, acabam prejudicando a capacidade do animal de superar o passado ao criar tanta energia negativa.

Permaneça no presente

Rosemary, que sofreu uma crueldade horrenda e abusos inimagináveis, foi capaz de seguir em frente e perdoar a espécie que a machucou. Com Popeye, que foi criado para odiar e atacar, precisamos de um pouco mais de tempo — mas ele também acabou se adaptando a uma vida totalmente diferente. Isso aconteceu porque os cachorros, dada a oportunidade, *sempre* se voltam para o equilíbrio. Eles não querem passar a vida com problemas psicológicos nem presos a um evento que já ficou para trás. Os cães nasceram para viver no presente, e é isso que preferem fazer.

Pela minha experiência, são os humanos que criam desequilíbrio nos cachorros, que os impedem de viver da melhor maneira possível. Isso não é justo nem certo — e é uma das minhas principais motivações para continuar a ensinar e disseminar esta mensagem: Aprenda a esquecer. Se você não consegue fazer isso por si mesmo, por favor, faça por seu cão.

A manutenção da mágoa

Dá para imaginar a reação de uma pessoa que passou pelo mesmo tipo de trauma que Rosemary? Há milhões de vítimas humanas no mundo que sofreram abuso, rejeição, injustiça e violência. Para a maioria, são necessários anos de tratamento, batalha e terapia para conseguir deixar o passado para trás; muitos nunca conseguem seguir em frente e lidar com o sofrimento. Em parte, isso acontece porque somos abençoados e amaldiçoados com memórias poderosas, viscerais, até cinematográficas. Mas também é verdade que muitos humanos se acomodam com sua dor e se identificam tanto com o papel de vítima que se agarram a traumas passados, mesmo quando têm a oportunidade de esquecer e superar. O que podemos aprender com os cães para nos ajudar a aguentar firme quando o impensável acontece?

COMO OS CÃES PERDOAM

- Os cães não associam significados abstratos a eventos de suas vidas. Só conseguem fazer associações relacionadas às experiências específicas.
- Os cães conseguem formar associações novas e positivas com eventos passados e seguir em frente, dada a oportunidade.

- ⊘ É da natureza dos cães viver o momento, o que possibilita que aproveitem completamente o presente.
- ⊘ Os cães têm a liberdade de superar traumas passados que poderiam ser um peso, pois vivem em um estado em que o momento presente é a única coisa que importa.

Passo quase todos os dias da minha vida com uma matilha de cachorros, então sofro uma influência profunda deles. Seja correndo pelas colinas de Santa Clarita, brincando de bola na praia de Malibu ou trabalhando com um cliente para ajudar seu cão problemático a encontrar o equilíbrio, tenho a sorte de poder passar boa parte do tempo no presente — como os cachorros fazem.

No entanto, sou apenas humano e, como muitos outros, ainda luto contra velhos ressentimentos, lembranças de traumas passados e problemas antigos. Aqueles de nós que conseguem superar completamente as dores, perdas e traições da vida são iluminados, e admiro o trabalho duro necessário para chegar a esse nível espiritual. É o que tento alcançar — mas aprendi do jeito mais difícil que o perdão é uma jornada, e frequentemente encontramos obstáculos invisíveis pelo caminho.

Meus cães perdoam (...) a raiva em mim, a arrogância em mim, a brutalidade em mim. Eles perdoam tudo que faço antes que eu perdoe a mim mesmo.

— Guy de la Valdéne, *For a Handful of Feathers*

Uma jornada pela escuridão

Depois de anos de luta, fui abençoado: o sonho que tinha vindo realizar nos Estados Unidos de repente se tornou realidade, indo além das minhas expectativas mais loucas. Pelo caminho, ele se transformou e se desenvolveu em uma nova missão, adaptada aos meus talentos e a tudo que eu tinha descoberto sobre os cachorros americanos e sobre mim mesmo desde aquele primeiro dia com Daisy no Chula Vista Grooming. Em vez de me tornar o "melhor treinador de cães do mundo", como queria, eu havia me tornado muito mais um treinador de pessoas. No processo de reabilitar cachorros problemáticos, aprendi que ensinar os donos a compreender as mensagens que os animais queriam passar com seu comportamento era a chave para ajudar tanto os cães quanto os humanos a terem vidas melhores.

Em 2004, meu primeiro programa na televisão, *O Encantador de Cães*, foi lançado pela National Geographic; e, em 2006, meu primeiro livro, *O Encantador de Cães: Compreenda o melhor amigo do homem*, foi publicado nos Estados Unidos. A série passou nove temporadas no ar, e o livro se tornou um best-seller internacional.

Às vezes, lembro dessa época e imagino um tornado como o de *O mágico de Oz*. Dentro dele, voam centenas de coisas mágicas: a alegria de poder me mudar com minha esposa e meus filhos da casa minúscula que alugávamos em Inglewood para uma bela residência em Santa Clarita; ter meus programas reconhecidos pelo Emmy e o People's Choice Awards; ver meus livros chegarem à lista de mais vendidos do *New York Times*; e palestrar diante de milhares de fãs em eventos no mundo todo.

Mas também havia elementos sombrios e perigosos no tornado: maiores exigências de trabalho que tomavam o tempo precioso que eu tinha com minha família; viagens constantes que me afastavam dos meninos; a frustração que sentia por não poder controlar certos aspectos do meu próprio negócio; as brigas com minha esposa enquanto batalhávamos para navegar pelas águas empolgantes, porém tempestuosas, de uma vida que parecia ter mudado do dia para a noite.

Esses anos passaram voando. E então, em abril de 2010, minha esposa me pegou de surpresa ao pedir o divórcio. Foi um choque completo. Eu estava a trabalho na Irlanda, me preparando para uma apresentação ao vivo, quando recebi a ligação. Fragilizado, sem dormir o suficiente e estressado por questões de negócios que tinham chegado ao limite, eu precisei subir ao palco logo depois de conversar com ela — e, ironicamente, foi a melhor apresentação que já fiz. Nunca estive tão carregado de emoção ou vulnerabilidade, antes ou depois.

Assim que saí do palco, a dor começou a bater. Eu estava com raiva e me sentia traído. Sabia que não era perfeito, mas achava que estava me esforçando. Na verdade, antes de minha esposa ligar para avisar que ia embora, eu estava animado pela chegada dela na Europa com Calvin e Andre, que nunca tinham saído do continente.

Por meses, a ideia de passar férias em família em um lugar novo e empolgante, que eu nunca teria sonhado em visitar dez anos antes, era a única coisa que me fazia aguentar o cronograma rígido de trabalho. Quando perdi isso, fiquei arrasado.

Depois que minha esposa jogou essa bomba, eu ainda tinha muitos e longos dias de filmagem pela frente, além da intensidade de me apresentar ao vivo em auditórios enormes pelo Reino Unido. Não sei como fiz aquilo tudo sem entrar em colapso. Eu devia estar com a mente anuviada, anestesiado, porque não me lembro de muitos detalhes dessa época; só queria que a viagem acabasse.

Quando enfim voltei para a Califórnia, estava completamente exausto — mental, física, emocional e espiritualmente. Pouco depois, descobri que as finanças da família — que deveriam estar bem confortáveis e estáveis a essa altura — não iam nada bem. E então, ficou claro que meus parceiros de negócios de longa data não estavam agindo de acordo com meus interesses, e descobri que tinha perdido o controle da minha própria empresa e do meu programa de televisão. Nunca me senti tão sozinho.

Desde então, aprendi que sofrer de uma depressão como aquela é um buraco negro. Quando passamos tempo demais lá dentro, nós deixamos de ver a luz, e realmente parece que não há saída.

Foram necessários seis anos e muito esforço — incluindo a reconstrução da minha empresa e a tomada do controle total da minha carreira pela primeira vez — para que eu conseguisse sair desse buraco. Sou tão agradecido por meus parentes, colegas de trabalho próximos, amigos e, é claro, fãs terem se unido para me apoiar.

Em retrospecto, sinto que o sofrimento me tornou uma pessoa bem mais sábia, forte e solidária. Depois de chegar a um lugar sombrio do qual muita gente menos afortunada nunca sai, sinto uma empatia profunda e sincera pelas pessoas sofredoras que eu talvez não tenha compreendido no passado. Dizem que Deus só nos faz passar por aquilo que aguentamos — ao refletir sobre essa época da minha vida, acho que Deus deve ter acreditado muito mais na minha força do que eu mesmo. Fico muito agradecido por Ele estar certo.

Dos arquivos científicos

O perdão pode salvar sua vida

Popeye e Rosemary sabiam das coisas: o perdão deixou de ser algo pregado apenas por líderes religiosos e espirituais. Em vez disso, é um remédio sério para manter uma boa saúde durante a vida toda, de acordo com décadas de pesquisas médicas rigorosas. Estudos recentes mostram que perdoar aqueles que nos fizeram mal diminui a pressão sanguínea, fortifica o sistema imunológico, melhora a qualidade do sono e prolonga a vida.[7] As pessoas que não guardam rancor tendem a ser mais saudáveis e viver por mais tempo, e, no geral, são mais satisfeitas com suas vidas. Elas sofrem menos de depressão, ansiedade, estresse, raiva e hostilidade.

No entanto, aqueles que se agarram ao ressentimento têm mais chance de sofrer de depressão severa e de estresse pós-traumático. Apresentam doenças com mais frequência — especialmente problemas cardíacos — e têm uma recuperação mais demorada, além de outras questões negativas de saúde.

O sofrimento não prende você.
Você é quem prende o sofrimento.

— Osho

A jornada até o perdão

Eu queria ter sido capaz de perdoar as pessoas da minha vida com a mesma simplicidade e totalidade que Rosemary, Popeye e todos os cachorros maltratados que ajudei ao longo dos anos. Ainda fico fascinado com a capacidade dos cães de superar tormentos horríveis e darem amor incondicional para a espécie responsável por seu sofrimento. Todos os dias, tento ser mais parecido com os cães que superaram crueldades muito piores do que qualquer coisa pela qual já passei.

Um dos primeiros passos em qualquer jornada em direção ao perdão é tentar enxergar a situação pelo ponto de vista da outra pessoa. Os cachorros não sentem dificuldade nenhuma com isso, porque sua posição é sempre "a matilha primeiro, o indivíduo por último". Eles observam o mundo sob a lente do que é melhor para o grupo. No entanto, para os seres humanos, é muito mais difícil ter empatia.

Quando penso no meu primeiro casamento, agora consigo aceitar que, desde o começo, estávamos empurrando uma pedra montanha acima. Como sempre digo, "a energia é a energia", e minha ex-mulher e eu tínhamos uma crise de energia desde o primeiro dia. Nós dois nos esforçamos, mas nunca fomos um casal compatível.

A pior parte da experiência foi o longo período em que meus filhos se recusavam a falar comigo. Eu nunca tinha passado por um divórcio nem por um término ruim antes, e não estava preparado para o fato de que as pessoas — até nossos próprios filhos — podem ou se sentem pressionados a tomar partido.

Com o sucesso do programa, eu tinha expedientes de trabalho muito longos e precisava viajar bastante. Assim, não estava presente quando os meninos foram aos seus primeiros bailes de escola ou quando Andre marcou seu primeiro gol. Não estava presente nos jantares diários nem para orientá-los quando tinham problemas. Na minha ausência, os dois se aproximaram da mãe. Quando ela pediu o divórcio, fiquei desesperado para voltar da Europa e tentar salvar meu casamento e minha família — mas não podia, porque tinha a obrigação contratual de terminar a turnê. Portanto, meus filhos só foram ouvir minha versão dos fatos e ver a situação sob minha perspectiva muito tempo depois. Imagino que seja natural que eu acabasse me tornando o "vilão" na cabeça deles.

Não estou dizendo que não fiz nada de errado no meu casamento. Mas, focado como estava em sustentar minha família e lhes dar uma vida boa, acabei negligenciando muitos momentos importantes com os meninos. Eles ficaram com raiva. Acho que acreditavam que, se eu tivesse sido um pai melhor — mais presente, mais atencioso com eles e sua mãe —, o divórcio nunca teria acontecido. Nenhuma criança quer ver os pais separados.

Naquela época, eu me senti abandonado por todos que eu pensava que me amavam. Meus filhos eram, e continuam sendo, aqueles que me dão força para viver, e a sensação de estar perdendo o amor e o apoio deles era arrasadora.

Hoje, tudo mudou. Sou mais próximo de Andre e Calvin do que nunca. Consigo deixar os dias sombrios da nossa briga para trás. Agora que são mais velhos e conseguem ver a situação com mais objetividade, eles entendem tanto o meu ponto de vista quanto o da mãe, tendo uma perspectiva mais madura dos motivos pelos quais o casamento acabou. Os dois perdoaram os pais por não serem perfeitos.

Como Andre e Calvin também trabalham com cães e na televisão, eles até perceberam que seu velho pai tem algo de importante para lhes ensinar! Fico grato por conseguir passar mais tempo com meus filhos atualmente do que na época em que eram pequenos e minha vida estava completamente desequilibrada.

Dessa vez, com minha noiva, Jahira, finalmente sei o que é ter um relacionamento igualitário e cheio de apoio. Passei a ver meu primeiro casamento de maneira menos emotiva, compreendendo melhor tanto a minha infelicidade quanto a da minha ex-mulher. Sou capaz de ver as coisas pela perspectiva dos dois e deixar o passado para trás.

Ainda há alguns momentos dolorosos na minha memória que me esforço para esquecer. Mas me sinto abençoado e inspirado quando vejo um cachorro superar um trauma e, com o perdão, alcançar a paz e o equilíbrio que busca. Aos poucos, a cada dia, as lições de animais como Rosemary e Popeye me incentivam a almejar a serenidade e o perdão em todas as áreas da minha vida.

Lição canina Nº 5

Como adotar o perdão

- Tente enxergar o sofrimento do passado da mesma forma que um cachorro: como algo que não tem comparação com as alegrias do presente.
- Lembre-se de que guardar ressentimento é como tomar veneno e esperar que a outra pessoa morra. O ressentimento só faz mal ao ressentido. O perdão é uma escolha sua.

- Tente desenvolver empatia pelas pessoas que podem ter feito mal a você. Ao ver o mundo sob a perspectiva delas, talvez seja fácil compreender suas atitudes.
- O perdão é um presente que você dá a si mesmo. Não espere pedidos de desculpa ou compensações do outro; talvez isso nunca aconteça. Tome para si a responsabilidade de se livrar de todos os elementos negativos da sua vida.
- Comemore o momento presente em toda sua glória. Siga o exemplo dos cães — eles realmente sabem como aproveitar a intensidade da vida a cada segundo.

Lição 6: Sabedoria

O propósito da vida não é ser feliz. É ser útil, confiável, solidário. É a sua existência ter feito alguma diferença.

— Leo Rosten

Na vida, todos temos alguém que nos ajudou a virar um ser humano melhor. Talvez tenha sido um professor que influenciou nossa paixão pelo aprendizado, o pai que nos guiou por uma adolescência conturbada ou o treinador que ajudou a desenvolver nossa autoconfiança no campo. Costumamos chamar esses indivíduos de ídolos, heróis, exemplos de vida. Seja lá qual for o título escolhido, eles ocupam um lugar especial em nossas mentes, em nossos corações e em nossas memórias. São as forças que nos transformam nas pessoas que queremos ser.

Para mim, esse alguém especial é Daddy, o meu gigante e tranquilo pit bull de nariz vermelho, meu braço direito por dezesseis anos. Ele sempre estava ao meu lado, me ajudando a reabilitar animais desequilibrados muito antes do programa de televisão. As pessoas dizem que Daddy era meu ajudante e companheiro. Mas nenhuma dessas palavras lhe dá o devido valor. Quando se tratava de compreender cachorros problemáticos, Daddy era o verdadeiro "Encantador de Cães" — ele era o verdadeiro sábio. Eu era apenas seu discípulo.

Sua capacidade de sentir empatia e ajudar os outros — não só cachorros, mas também todo ser humano que conheceu — era algo que eu nunca tinha visto antes e que ainda não reencontrei. Daddy é meu herói porque, até hoje, quase sete anos após sua morte, ele continua a me influenciar emocional e espiritualmente. Tento me ater a seus altíssimos padrões e me tornar tão bondoso, equilibrado, tolerante e ético quanto ele era.

Daddy era bem mais do que um cão comportado. Não era apenas inteligente. Não era apenas gentil. Pode parecer exagero, mas, para mim e para todos que passaram tempo suficiente na sua companhia, ele era um mentor espiritual. Acredito que toda a grandeza dos líderes mais influentes da história estava reunida naquele belo cão. De alguma forma, o pit bull parrudo havia nascido com o que me parecia ser uma sabedoria milenar.

Daddy me mostrou que é possível encontrar, nessa vida, amor e lealdade de formas que vão além das palavras. E também a almejar um objetivo novo e distante: o alcance da sabedoria verdadeira.

Sabedoria é mais do que conhecimento

Sabedoria é um termo genérico, usado de muitas maneiras diferentes. O tipo de sabedoria que Daddy me ensinou vai além das definições comuns de mera inteligência ou conhecimento vasto. Ao contrário do que muitos acreditam, ser inteligente não é o mesmo que ser sábio.

Uma pessoa inteligente sabe muitos fatos e possui bastante informação. A inteligência é uma função do ser intelectual. Mas uma pessoa realmente sábia — seja por causa de estudos ou não — conta com um conhecimento mais profundo, que vem de instintos e vivências. De acordo com o dicionário, "sabedoria" é "o poder de discernir e julgar de forma apropriada o que é verdadeiro ou correto" — e são o discernimento e o julgamento que fazem a diferença.

Daddy se encaixava perfeitamente nessa definição.

A sabedoria é composta de muitos fatores. Acredito que ela consiste em características genéticas, qualidades pessoais e hábitos, além de lições de vida aprendidas. Ela pode incluir conhecimento factual ou intelectual, mas não precisa. O que a sabedoria realmente exige são experiências de vida — e, mais importante, a capacidade de extrair algo delas, sejam coisas boas ou ruins. A habilidade de transformar adversidades e sofrimento em lições transcendentais é o ponto de partida da verdadeira jornada para a sabedoria.

Daddy e o preconceito contra pit bulls

Daddy pertencia a Reginald "Reggie" Noble, mais conhecido como Redman, o famoso rapper, DJ, produtor musical e ator que precisava da minha ajuda para adestrar o filhote de 4 meses que adotara de um criador. (Originalmente, Redman o batizara de "L.A. Daddy" [Papai de Los Angeles], mas encurtei o nome, e o apelido ficou.) Ele me convidou para uma reunião em seu armazém/QG na região centro-sul da cidade, no começo de 1995.

Tenho lembranças vívidas desse dia. Estávamos no set de um dos videoclipes de Redman, e o caos reinava ao redor: equipes de filmagem movendo equipamentos enormes, o pessoal da cenografia carregando peças decorativas, assistentes de direção gritando ordens, rappers e dançarinos ensaiando em cada canto da sala. Sentado ao pé da cadeira de Redman e parecendo ignorar a algazarra estava um pit bull que era uma bolinha avermelhada e forte: com cerca de dez quilos, orelhas recém-cortadas e uma cabeça quadrada grande demais.

Apesar de eu ter ficado impressionado com a energia naturalmente calma de Daddy em meio a todas aquelas distrações e bagunça, também senti nele uma hesitação e certa insegurança. Em um cachorro, essas características podem ser tanto uma benção quanto uma maldição. Uma prudência razoável pode ajudar o animal a permanecer seguro, calmo e socialmente respeitoso. Mas insegurança demais pode criar um pavor debilitante ou — bem pior — agressão causada pelo medo.

Há milhões de donos de cachorros cuidadosos por aí, e Redman é um bom exemplo. Esperto e atencioso, ele estava determinado a ser um guardião responsável para Daddy — tanto para o bem da sociedade quanto para o de seu cão. Ele já vira alguns de seus amigos e colegas de trabalho com pit bulls maltreinados serem processados pelo comportamento agressivo dos animais e não desejava isso para si mesmo, para sua família nem, é claro, para Daddy.

Redman queria um cachorro que jamais machucasse ninguém, que fosse dócil, obediente e que pudesse ser levado para qualquer canto sem a ameaça de processos judiciais. Seu agente também estava trabalhando nos bastidores, alertando exaustivamente sobre problemas jurídicos caso o cão resolvesse morder alguém.

Daddy era amado pelo dono desde o início. Mas a carreira de Redman estava decolando, e ele iria embarcar em uma série de turnês longas e cansativas. Enquanto estivesse fora, queria que o filhote ficasse comigo para começar um treinamento intensivo.

Trocamos um aperto de mão, eu lhe passei meu número de telefone e virei a tempo de ver Daddy me analisando com seus olhos verdes indiferentes. Senti um frio na espinha, como se o conhecesse desde sempre. Tudo que precisei dizer foi "Vamos, Daddy", e ele me seguiu tranquilamente porta afora, dando os primeiros passos do que se tornaria nossa longa jornada juntos.

Para nós dois, aquele foi o início de algo incrível. Acredito que entramos na vida um do outro por um motivo, criando uma amizade e um laço espiritual que permanecerá comigo até o fim dos meus dias.

O professor se torna o aluno

Aos 4 meses, Daddy tinha a idade ideal para sua jovem mente ser moldada. Mas não se engane: ele nasceu com algo que nenhum humano poderia lhe ensinar. Desde o começo, era um pupilo curioso, animado e receptivo, com apenas um ponto fraco em potencial: era inseguro e um pouco cauteloso. Como parte do treinamento, me dediquei a aumentar sua autoestima, apresentando-o a novas situações e desafios. Nós fazíamos passeios sozinhos ou com o restante da matilha em muitos lugares diferentes — na praia, nas montanhas, em feiras de rua tumultuadas. Completamos uma série de exercícios de adestramento, que iam desde treinos de obediência básica e proteção pessoal a brincadeiras em que devia tentar identificar um cheiro específico. A cada novo desafio, Daddy ia superando seus medos.

Quando penso na minha vida, foram os momentos em que me forcei a seguir em frente — quando ousei sair da minha zona de conforto, independentemente do quanto estava assustado — que me fizeram crescer como pessoa. Conforme as semanas passavam, Daddy refletia essa experiência ao se tornar mais independente e confiante, ao mesmo tempo em que nossa conexão se fortalecia.

Oficialmente, os cães terminam sua "infância" por volta de 9 ou 10 meses de vida e passam para uma adolescência rebelde que dura até completarem cerca de 2 anos. Depois que ajudei Daddy a superar suas inseguranças infantis, ele passou por uma breve fase de orgulho, em que não negava um desafio. Isso causou briguinhas com alguns dos meus rottweilers que desafiavam sua bravata. Minha reação foi lhe mostrar que a coisa certa a fazer era simplesmente ir embora — desistir da situação e engolir o orgulho.

Embora, no começo, eu fosse a pessoa que ensinava a Daddy os princípios de evitar brigas, a forma como ele absorveu essas lições as elevou para outro nível. Não demorou muito até eu sentir que era o aluno, e ele, o professor.

Quando completou 2 anos, Daddy já tinha aprendido a permanecer tranquilo, calmo e indiferente quando outros cachorros tentavam provocá-lo. Ao se deparar com a possibilidade de uma briga, ele permanecia parado ou simplesmente ignorava o agressor, virava a cabeça e se afastava. Era como aquele garoto legal da escola que permanece completamente indiferente às discussões bobas dos outros alunos. Mesmo nessa época, Daddy parecia saber por instinto como atenuar situações tensas, saindo de perto e deixando o clima agressivo se acalmar.

Eu me lembro do dia em que ele foi desafiado por um cachorro novo que acrescentei à matilha do Dog Psychology Center. Enquanto observava Daddy se afastar, como se o cão problemático nem existisse, tive uma epifania. De repente, o valor mais profundo da rendição se tornou claro para mim.

Com frequência, render-se não só é a opção mais prática, como também a mais admirável. Quando você se rende, evita conflitos e permite que seu melhor lado venha à tona. E naturalmente se torna mais poderoso, pois não pode mais ser manipulado ou controlado por outras pessoas ou situações adversas. Em contrapartida, quando seu orgulho causa brigas, discussões ou o incentiva a resistir a circunstâncias de maneira arrogante, seu eu verdadeiro nunca entra em ação, e você acaba passando seu poder para os outros.

Por mais bravo que parecesse, Daddy nunca iniciou uma briga. Ele só exalava paz, gentileza e paciência. Havia algo tão puro naquele cão; ele era nobre até o âmago. Era a inocência e a sabedoria atemporal juntas em uma só alma. Depois de apenas um ano, eu já sabia que tinha um espírito muito raro caminhando ao meu lado.

As inseguranças da infância de Daddy logo foram substituídas por uma autoconfiança graciosa. Antes mesmo de se tornar adulto, ele já estava no caminho para ser um cão que o mundo inteiro amaria e admiraria quase tanto quanto eu.

> ## Dos arquivos dos famosos
>
> **Whitney Cummings**
>
> A atriz, comediante, roteirista e produtora Whitney Cummings atribui muitas das principais lições que aprendeu durante sua vida turbulenta à sabedoria dos cachorros — em especial à sua pit bull adotada, Ramona. "Ter um pit bull ensina muito sobre as outras pessoas", diz ela. "A reação que as pessoas têm a um pit bull diz muito sobre elas. E você também tem um detector de mentiras canino ao seu lado."
>
> Whitney acredita que Ramona a afastou de alguns relacionamentos humanos que poderiam ser destrutivos. "Ela é meu espelho", explica. "Começa a latir e fica ansiosa se estou com o cara errado." E Ramona, segundo Whitney, sempre acerta: "Ela sabe quando um cara me trai ou quando é simplesmente uma pessoa ruim."
>
> "A gente costumava pensar que 'humanos são inteligentes; cachorros, não' — mas isso é tão errado", continua. "Os cães são muito mais intuitivos e conectados a tudo que acontece. Conforme vamos envelhecendo, nos tornamos desdenhosos e achamos que só temos a aprender com nossos superiores, mas isso não é verdade. Nunca se sabe quem pode lhe ensinar uma lição hoje: um bebê, uma abelha ou um cachorro."

Um membro da matilha

No começo, fui contratado para adestrar e cuidar de Daddy por apenas alguns meses. Mas os meses logo se transformaram em anos. Redman era muito requisitado na década de 1990. Ele recebeu o Disco de Ouro nos Estados Unidos por três álbuns consecutivos: *Dare Iz a Darkside* (1994), *Muddy Waters* (1996) e *Doc's da Name 2000* (1998). Depois do ano 2000, começou a trabalhar e fazer turnês com o artista Method Man; os dois até estrelaram um filme juntos. Como resultado, Red quase nunca estava em casa. Mesmo assim, ele e Daddy compartilhavam uma conexão amorosa verdadeira que nunca diminuiu. Sempre que Red passava uns dias na cidade, eu levava o pit bull para sua casa. Quando o cachorro o via, seu rabo balançava tanto que o corpo inteiro acompanhava o ritmo. Nesses encontros de poucos dias, nos intervalos entre os shows, os dois passavam o tempo todo grudados.

Fora isso, Daddy era um membro oficial da minha matilha no Dog Psychology Center. Ele não era um cão dominante, mas seu comportamento gentil e nada ameaçador ganhava o respeito e a afeição instantâneos da matilha.

Quando ele tinha por volta de 3 anos, notei seu "talento" pela primeira vez. Sempre que um cachorro novo chegava ao centro com medo ou ansioso, Daddy parava ao seu lado e fazia com que o outro imediatamente começasse a relaxar. Se surgisse um animal nervoso que ameaçasse a estabilidade da matilha, Daddy às vezes interferia e acalmava a situação antes mesmo de eu chegar. Ele tinha um conhecimento inato de como resolver qualquer atrito social, demonstrando — com sua energia e linguagem corporal — que não queria fazer mal. Mas também alertava aos outros quando estavam saindo da linha. Era como se dissesse, em linguagem canina: "Relaxe. Está tudo bem." Comecei a observar suas reações e escolhas instintivas e a adaptar a forma como eu interagia com os cães usando o comportamento de Daddy como base. Isso me tornou ainda mais eficaz ao lidar com animais problemáticos.

O encantador de pessoas

Daddy não tinha apenas talento para compreender cachorros; ele também era excepcional em interpretar o caráter e a essência dos humanos. Eu sempre tive bons instintos no que diz respeito a cachorros, mas queria ter a mesma percepção empática sobre a minha espécie que ele tinha.

Ao observar Daddy interagindo com pessoas, aprendi mais sobre suas motivações do que qualquer ser humano poderia me ensinar. Eu costumava levá-lo comigo em reuniões de negócios e observar como se comportava diante dos outros participantes. Ele se afastava de algumas pessoas ou as ignorava. Mas chegava perto de outras, educado, as cheirava, e então deitava com a barriga para cima, pedindo carinho. Às vezes, as reações de Daddy me incentivavam a evitar ou aceitar alguém ou alguma situação. Qualquer um acharia impossível esconder dele suas intenções verdadeiras.

Tolerância, empatia e generosidade de espírito

Durante nossos 16 anos juntos, Daddy me ensinou, aos poucos, cada um dos componentes que formam a qualidade rara e almejada que é a sabedoria.

A lição número um foi *tolerância*. Uma das primeiras características que percebi em Daddy — mesmo durante a adolescência — foi sua paciência extrema com cachorros menores ou mais jovens. Havia dois galgos italianos minúsculos, Lita e Rex, que moravam no Dog Psychology Center na época. Duas bolinhas de energia e bagunça inseparáveis, gostavam de subir em cima de Daddy e costumavam se aconchegar contra seu corpo para dormir. Ele nunca reclamava.

O pit bull também me mostrou que *empatia* pelos outros é uma das bases mais importantes da sabedoria. No mundo atual, quando tantos de nós focamos apenas em competir, ganhar a vida e na luta para suprir as necessidades de nossas famílias, com frequência ignoramos as batalhas e as dores ao nosso redor.

Mesmo quando filhote, Daddy era um ávido observador de emoções e se sentia atraído por qualquer um — fosse humano ou animal — que pudesse estar sofrendo. Ele geralmente era o primeiro a dar boas-vindas à matilha a um novo cachorro problemático e, por instinto, tendia a passar um tempo maior com aqueles que mais precisavam do seu apoio. Se um cão se sentisse excluído do grupo, Daddy se tornava seu comitê de recepção e anfitrião não oficial. E se outro membro da matilha estivesse fisicamente mal, ele oferecia seu consolo silencioso.

Sua empatia tinha a mesma força com as pessoas. Se alguém na minha família ou da equipe estivesse passando por um momento difícil ou triste, Daddy notava na mesma hora. Ia ao encontro deles, aboletava seu corpo rígido aos seus pés e deitava de barriga para cima, incentivando-os a fazer um carinho "terapêutico". Quando ele entrava em um cômodo e sentia que alguém estava desanimado, ia direto até a pessoa e oferecia uma esfregada do focinho, uma lambida no rosto ou uma amigável abanada de rabo em apoio. Todos os meus amigos e colegas de trabalho que tiveram a sorte de conhecê-lo ainda falam sobre como era reconfortante estar em sua presença. Era impossível sair de um encontro com Daddy sem se sentir animado e revigorado. Ele parecia um curandeiro inato.

Daddy também me ensinou que a *generosidade de espírito* é outra marca fundamental da sabedoria. Não havia uma pessoa ou animal que ele não cumprimentasse com carinho e benevolência. Apesar de ser um avaliador impecável do caráter e das intenções dos outros, nunca se aproximava de ninguém com desconfiança ou hostilidade. Seu comportamento era cauteloso e de muito respeito, e sempre com o coração aberto. Se sentisse que alguém não tinha boas intenções para com ele — ou com sua matilha —, se afastava sem fazer alarde.

É claro, quando Daddy gostava mesmo de uma pessoa, não havia limites para o que faria por ela. Ele era completamente generoso. Todas as manhãs, gostava de trazer um presente para avisar a mim ou à minha família que estava acordado: um sapato, uma camisa ou um bicho de pelúcia. Ficava andando com o objeto na boca, esperando ser notado pelo alvo de sua bondade. Então, fixava seus profundos olhos verdes na pessoa, permitia que tirassem o brinquedo de sua boca e terminava o ritual se afastando com o poderoso rabo ereto e orgulhosamente balançante.

Dos arquivos científicos

Os cães realmente sentem empatia

Faz pouco tempo que a ciência comportamental começou a examinar a empatia e a cooperação entre humanos. (Durante anos, o estudo da competição e da agressão foram considerados mais importantes.) Como a boa convivência com os outros se tornou a base do que faz uma civilização — ou espécie — ser bem-sucedida, pesquisadores agora se voltaram para a questão de os cães terem ou não empatia.

Pelo visto, a empatia nos cachorros (especialmente em relação aos humanos) tem uma forte vantagem evolutiva, e dezenas de pesquisas científicas recentes encontraram provas disso. A revista acadêmica *Biology Letters*, da Royal Society, publicou uma análise de vários estudos sobre cachorros e empatia ao longo de 2011.[8] Foi estabelecido que:

- Cães reagem ao estresse do dono com um aumento de agitação emocional negativa.
- Cães "imitam" bocejos humanos. ("Bocejos contagiantes" foram associados a níveis elevados de empatia nos seres humanos.)
- Quando expostos a pessoas conhecidas fingindo sofrimento, os cães exibem sinais de nervosismo emocional, forte indício de "preocupação solidária".
- Até mesmo cães não treinados são sensíveis a emergências humanas e, em certos casos, conseguem buscar ajuda, o que sugere uma abordagem empática.

> Os autores do estudo enfatizam a importância de uma pesquisa contínua para medir e compreender as relações empáticas entre cachorros e humanos. Afinal de contas, cada vez mais contamos com a ajuda dos cães em situações diferentes e terapêuticas, e temos a responsabilidade de atentar ao bem-estar emocional deles tanto quanto ao nosso.

O *verdadeiro* Encantador de Cães

Fazia cerca de sete anos que Daddy estava na minha matilha quando comecei a filmar *O Encantador de Cães*, em 2004. Decidi levá-lo comigo para o trabalho desde o começo, e ele se mostrou um grande sucesso. Imediatamente, sua popularidade com o público foi imensa, tornando-o, talvez, o melhor representante da raça dos pit bulls na mídia em muito tempo.

Daddy era o completo oposto do pit bull "raivoso" que costuma ser estereotipado pela imprensa. Qualquer um que o via no programa logo o reconhecia como um sábio ou um místico, avaliando cada situação problemática e então mostrando como ela deveria ser solucionada.

Como um mentor espiritual, Daddy tinha uma paciência infinita com as fraquezas e as bobeiras dos outros. Não havia maldade nele. Nunca mordeu ninguém, fosse pessoa ou animal — nem uma mordiscada. Quando forçados a se defender, a maioria dos cães usa os dentes como último recurso — mas, sinceramente, acho que Daddy nem cogitaria fazer isso. Sua presença tranquilizadora e dignidade impassível nunca falhavam em amenizar qualquer problema.

Sempre me refiro a ele como um "embaixador da sua raça", porque, apesar de parecer agressivo, Daddy podia ir a qualquer lugar e se sentir confortável com qualquer um. Se havia algum conflito em nossa família, ele entrava no cômodo e, de alguma forma, dissipava a tensão. Se eu estivesse me encontrando com alguém pela primeira vez e não soubesse o que dizer, a cabeça e o corpo enormes de Daddy, junto com seu comportamento surpreendentemente gentil, eram um ótimo assunto para quebrar o gelo. Em qualquer situação em que eu me encontrasse, fosse pessoal ou profissional, ele dava um jeito de tornar tudo melhor.

Daddy apareceu em muitos episódios de *O Encantador de Cães*; sua especialidade era me ajudar a reabilitar os cães mais agressivos e medrosos. Com frequência, quando não sabia ao certo como resolver um caso, eu o chamava e observava seu comportamento com o cão problemático. Ele nunca incitava uma briga ou forçava o outro a fugir. Apenas analisava a situação com calma, e então reagia de acordo. E sua reação instintiva, seja lá qual fosse, me informava sobre qual estratégia de reabilitação usar. É claro, Daddy sempre acertava.

Como os cachorros praticam a sabedoria

- Os cachorros são naturalmente abertos. Por viverem no presente e serem influenciados apenas pelo que estão passando em dado momento, sempre enxergam suas experiências com clareza e objetividade.
- Os cachorros são naturalmente empáticos. Com seu olfato e a percepção aguçada de energia, são capazes de distinguir com rapidez os sentimentos

- Os cachorros são naturalmente comunicativos. Por meio do olfato, da energia e da linguagem corporal, eles informam uns aos outros — e a nós, se prestarmos atenção — tudo que precisa ser dito.
- Os cachorros são naturalmente observadores. Seus sentidos são bem mais aguçados do que os nossos, e eles prestam atenção em tudo ao redor. Assim, estão constantemente processando informações que nós, humanos, com nossa visão de mundo egocêntrica, com frequência ignoramos.
- Os cachorros são naturalmente autênticos. Quando amam, o fazem de maneira incondicional, se entregando completamente e perdoando tudo. Como resultado, são capazes de notar e apreciar apenas as coisas boas das outras criaturas.

Daddy e o câncer

Quando Daddy tinha por volta de 10 anos, ele foi comigo visitar uma amiga veterinária que precisava de ajuda com seus cachorros. A Dra. Kathleen Downing deve ter notado algo sutil nele que ninguém tinha percebido, porque pediu para que eu o levasse de volta para fazer um exame. Uma semana depois, ela encontrou uma massa em sua próstata, fez uma biópsia e me deu a terrível notícia: Daddy estava com câncer.

Minha primeira reação foi me sentir confuso e desamparado. Faço questão de sempre cuidar da melhor maneira possível de todos os meus cães, mas Daddy sempre foi mais que especial. Quando liguei para Redman para dar a notícia, sua reação foi a mesma: "Por que uma coisa dessas precisa acontecer com um cachorro tão bom?"

A Dra. Downing me disse que havia um tratamento padrão, mas era impossível dizer se daria certo. Custaria, no mínimo, 15 mil dólares. É claro que não hesitei em começar o tratamento na mesma hora. Como qualquer dono de cachorro sabe, nenhum valor é caro demais para trazer bem-estar ao animal que se ama.

Permaneci ao lado de Daddy enquanto ele passava por uma rodada de dez sessões de quimioterapia, de duas horas cada. Sua reação ao tratamento foi ótima, por sorte; ele não vomitava nem ficava tonto. Talvez dormisse um pouco mais que o normal. Sua atitude inabalável me deixou pasmo. Daddy nunca demonstrou qualquer sinal de desconforto, dor ou tristeza. Talvez estivesse escondendo esses sentimentos para me poupar. Era como se me dissesse: "Pare de se preocupar. O que tiver que ser, será."

Eu me esforcei para seguir seu exemplo e agir como se tudo estivesse — e fosse ficar — bem. Só contei sobre a doença para alguns amigos próximos e colegas de trabalho em quem confiava, porque não queria que as pessoas projetassem as energias negativas e fracas da tristeza e da pena no comportamento naturalmente alegre de Daddy.

Depois que ele passou por uma última cirurgia, de remoção dos testículos, a médica nos deu boas notícias: o câncer tinha sido curado. Não demorou muito para Daddy voltar comigo para o set de *O Encantador de Cães*. E, pode acreditar, ele pareceu se tornar ainda mais sábio depois da provação que enfrentara com tanta tolerância.

A oficialização

Apesar de estar sob meus cuidados por tantos anos, Daddy ainda pertencia oficialmente a Redman, mesmo que morasse comigo quase o tempo todo. Como Red o via como o cachorro perfeito — e ele era! —, sempre teve planos de cruzá-lo. Por isso, nunca me permitira castrá-lo (apesar de eu querer fazer isso, ainda mais porque Daddy não teria sofrido com o câncer de próstata se tivesse passado pelo procedimento). É comum que esqueçamos como o tempo passa rápido em anos caninos, e, depois de Daddy sobreviver ao susto do câncer, de repente percebi que nós dois estávamos juntos havia uma década.

No fim das contas, Redman aceitou que eu adotasse oficialmente seu cachorro, apesar de amá-lo muito. Nessa época, eu e Daddy éramos inseparáveis, e Redman sabia que seria melhor assim. Quando nos encontramos para assinar os papéis da adoção, aquele rapper durão das ruas violentas de Newark, Nova Jersey, não teve vergonha de chorar. Ele amava Daddy de verdade e continuou a visitá-lo pelo restante de sua vida. Sempre serei grato à atitude sem egoísmo de Redman, de me permitir adotar seu cão. Daddy era nosso menino, e Red ficou tranquilo sabendo que eu cuidaria dele. Esse foi mais um exemplo da habilidade do pit bull de fazer aflorar uma sabedoria inexplorada e um amor verdadeiro e altruísta nas pessoas que conhecia. Assim como eu, Redman sentia o impulso de agir de forma altruísta quando estava na presença de Daddy, — apesar de a ideia de abrir mão do seu cachorro claramente deixar seu coração apertado. Às vezes, a decisão correta é a mais difícil.

"O pit bull Daddy é mais famoso que eu", disse o rapper ao site *A.V. Club*, em 2007.[9] "Ele já apareceu na *Oprah*! Se tivesse ficado comigo, acabaria não sendo o Daddy que nasceu para ser. Então, abri mão de morar com meu bebê, e ele decolou! Cara, ele é um astro agora. Isso é mais uma benção."

Ao levar um cachorro para casa, você herda seu passado e a sabedoria de gerações que ele traz consigo.

— Eckhart Tolle

Idade e sabedoria

A sabedoria de Daddy aumentou com a idade e a experiência. Lembro que, em uma das últimas temporadas de *O Encantador de Cães*, fui chamado para ajudar um pastor-belga malinois muito especial chamado Viper, que morria de medo de todo mundo. Era um cão de elite, treinado especialmente para encontrar celulares (e até mesmo os componentes mais minúsculos dos aparelhos) escondidos em prisões; era um dos animais mais talentosos na execução desse serviço muito específico.

Em algum momento do seu treinamento, Viper passou a ter medo dos presidiários intimidantes cujas celas precisava inspecionar. Esse pavor evoluiu para uma desconfiança de todos os humanos, chegando ao ponto em que ele não conseguia mais fazer seu trabalho; ou ficava completamente inerte ou saía correndo de qualquer pessoa com quem entrava em contato. Como tinha passado os primeiros oito meses de vida dormindo em uma gaiola todas as noites, Viper estava retomando as experiências que tivera quando filhote. Ele só queria se enroscar em um lugar seguro e se esconder do mundo.

Eu e Daddy visitamos Viper e seu adestrador, que queria desesperadamente ajudar seu valioso cão. Nós fomos ao local projetado como uma "prisão de treinamento" para os cachorros aprenderem a trabalhar naquele ambiente diferente. Deixei Daddy esperando no trailer do nosso programa enquanto eu avaliava a situação.

Quando cheguei, Viper já estava escondido embaixo de uma mesa; era impossível convencê-lo a sair de lá. Comida não ajudava, nem os incentivos do adestrador. A equipe estava filmando, e eu não sabia que estratégia seguir. Como frequentemente fazia nos momentos de dúvida, fui buscar os "conselhos" de Daddy. Abri a porta do trailer, onde ele aguardava pacientemente.

Apesar de já estar com 15 anos de idade, de ter artrite e problemas de visão e de bexiga, Daddy não precisou que eu lhe dissesse o que fazer nem aonde ir. Mesmo sem nunca ter entrado naquele lugar, ele seguiu pelos corredores e pelas celas de mentira até chegar ao cômodo e à mesa sob a qual Viper se escondia. Sem hesitar, Daddy baixou o velho corpo dolorido sob a mesa e tocou o focinho do outro cão com o seu.

Não precisamos fazer mais nada. O pastor-belga saiu do esconderijo, e Daddy, com seu comportamento em relação a mim, demonstrou que eu era um humano confiável. Ele conseguiu, sem nenhum esforço, algo que ninguém foi capaz de fazer. Graças a Daddy, consegui trabalhar com Viper, gradualmente lhe ensinando a confiar nos humanos. Depois de algumas semanas, o cachorro voltou ao trabalho. Com apenas um toque do focinho, Daddy mudou a vida de outro cão.

Dos arquivos dos famosos

Kathy Griffin

A maior paixão da comediante Kathy Griffin fora dos palcos é resgatar cachorros — especialmente os mais velhos que ninguém quer adotar. Kathy atribui seu apreço pela sabedoria e compreensão que surgem com a idade ao seu relacionamento próximo com a mãe, uma mulher ativa e espirituosa de 97 anos.

"No meu show, brinco que qualquer pessoa com menos de 90 anos me deixa entediada, porque as histórias que minha mãe me conta aos 94 são inacreditáveis", diz. "Uma mulher esperta, falando sobre a primeira vez que conheceu uma pessoa gay, a primeira vez que ouviu falar de direitos civis. É alguém que sobreviveu a guerras mundiais, e acho isso mais interessante."

"De verdade, acredito que seja um dos motivos pelos quais prefiro cães idosos", continua Kathy. "Gosto daqueles que ninguém quer, porque transmitem uma emoção que não vemos nos filhotes. Eu tive quatro que viveram até pelo menos completarem 8 anos. E observei, enquanto envelheciam, como mudam de comportamento, assim como as pessoas. Eles se tornam mais tolerantes, maduros."

Não houve ninguém na equipe de *O Encantador de Cães* que não tenha ficado boquiaberto naquele dia. O encontro com Viper foi um exemplo claro da sabedoria inata de Daddy em ação.

Respeite os mais velhos — sejam cachorros ou humanos

Daddy trabalhou em *O Encantador de Cães* até estar bem velho: o equivalente a 105 anos humanos. Isso me deixava feliz, porque fui criado pra respeitar os mais idosos. A grande sabedoria do meu avô — também conquistada depois de 105 anos na Terra — era venerada por todos em sua comunidade, especialmente por nossa família. Eu me lembrava desse sentimento ao observar a reação das pessoas ao focinho grisalho de Daddy. Quando o viam entrar mancando em uma casa para ajudar outro cão, acalmando-o ou lhe mostrando outra forma de se comportar, logo ficava claro tudo o que cachorros idosos são capazes de fazer.

A verdade é que a convivência com um cão mais velho é, no geral, uma oportunidade de passar tempo com uma das criaturas mais perspicazes, empáticas e sábias do mundo. Por todo canto, meus clientes dizem que acreditam que seus cães idosos os entendem e acabam se tornando companheiros mais profundos e gratificantes conforme envelhecem.

Acredito que devemos nos doar ainda mais para os animais idosos, porque eles têm muito a nos oferecer. É apenas outro aspecto da sabedoria.

Observei o processo de envelhecimento de muitos cachorros que amei na vida — mas nunca tão intimamente quanto foi com Daddy. Perto do fim, nós dois sabíamos o que o outro sentia e pensava; funcionávamos em um "fluxo" em que não havia esforço, só unidade. Foi um dos relacionamentos mais profundos que já tive.

É claro que eu amava Daddy, mas quer saber se o sentimento era recíproco?

Eu sei que era.

*Abençoado é aquele que fez por merecer
o amor de um cão idoso.*

— Sydney Jeanne Seward

A sabedoria não morre nunca

Conforme Daddy envelhecia, se tornava ainda mais calmo. Alguns cachorros ficam menores com a idade, mas esse não era seu caso. Ele continuou crescendo em estatura e sabedoria.

No escritório da produção, havia uma mesa especial para todos os pacotes e cartas que fãs do mundo todo enviavam para Daddy — ele recebia bem mais do que eu! Eram milhares de pedidos por suas fotografias e um "autógrafo" com a marca da pata, além de presentes como fotos, biscoitos caseiros e outros itens feitos à mão. E, mais do que tudo, havia retratos: desenhos, pinturas e até esculturas que as pessoas faziam dele. Entre as coisas mais engraçadas que recebíamos estavam os vídeos de outros cachorros assistindo a Daddy na televisão e ficando animados sempre que ele aparecia na tela. Mais de uma vez, ouvi dizer que missas católicas eram celebradas em sua homenagem. Estava claro que o mundo inteiro sabia como ele era realmente especial.

O que diferenciava Daddy dos outros cachorros maravilhosos na minha matilha? Adivinhe só: a sabedoria. Era isso que o tornava um líder natural. Uma vez, enquanto gravávamos na Carolina do Norte, fomos visitar um hospital do Exército que tratava veteranos da Guerra do Golfo — muitos deles com membros amputados. Quando entrávamos em uma sala, dava para sentir o respeito que aqueles militares sentiam por Daddy, e eu percebia que o sentimento era recíproco.

Dos arquivos científicos

A química do amor

"Como sei se meu cachorro realmente me ama?" Meus clientes vivem fazendo essa pergunta. E minha resposta sempre é: "Como *você* sabe se ama alguém?" Felizmente, a ciência finalmente nos deu uma resposta mais satisfatória.

O amor é uma emoção crucial para os animais sociais — e, nos cachorros, é composta pelos mesmos blocos químicos que o amor compartilhado entre os humanos. Em 2015, um estudo japonês conectou os cachorros à oxitocina, o mesmo "hormônio de ligação" que une mães e bebês e que também é liberado durante o sexo.[10] Quando os cachorros fitam os donos com um olhar devotado, seus cérebros emitem níveis elevados de oxitocina, fortalecendo os laços de amor entre humanos e animais. O cérebro dos donos, é claro, faz a mesma coisa.

Isso significa que, de acordo com a neuroquímica, o amor de um cão por seu dono é exatamente igual ao amor de uma mãe por seu bebê ou de um marido pela esposa. E também significa que somos capazes de amar nossos animais com a mesma intensidade com que amamos nossos cônjuges e filhos.

O amor vai além de elementos químicos, isso é verdade. Porém, está claro que o amor canino é verdadeiro e ponto final. Nas palavras do Dr. Brian Hare, pesquisador sobre cognição animal da Universidade Duke, "Quando os cães nos fitam, estão nos abraçando com os olhos."

Acredito que esses soldados viam Daddy como um igual: o cachorro heroico ideal, grande, forte e nobre. O pit bull inflava o peito de animação quando vinham cumprimentá-lo, e acho que ficava orgulhoso pelo fato de aqueles heróis humanos o honrarem com sua admiração. Todos os soldados pediram para conhecê-lo e tirar uma foto com ele.

Para mim, a experiência foi diferente. Fiquei emocionado e triste com os sacrifícios que aqueles homens fizeram por seu país. Muitos não conseguiam andar e estavam confinados a cadeiras de rodas. Alguns perderam amigos e parentes ao voltarem para casa. Eu queria perguntar como tinham se ferido. Queria ajudar. Entrei na sala com esses sentimentos de tristeza e desconforto.

Mas Daddy, não. Ele estava pouco se lixando para o que tinha acontecido com aqueles homens no passado. Não notava as coisas que faltavam em suas vidas ou em seus corpos. Só estava feliz por conhecê-los. Como sempre, ele via apenas o espírito dos outros, que, naquele caso, eram espíritos de heróis.

DADDY EMOCIONOU MILHÕES DE pessoas pelo mundo. Fico triste por nossos fãs na Ásia e na Europa não terem tido a oportunidade de conhecê-lo ao vivo, pois só comecei a viajar para o exterior com mais frequência após sua morte. Agora, quando viajo, os fãs ainda me perguntam sobre ele. Falam sobre seus episódios favoritos e se admiram com a maneira como Daddy sempre sabia exatamente como ajudar um cachorro e treinar um humano. Ele ensinava a seus fãs a viver.

É claro, uma das maiores conquistas de Daddy foi a maneira como transformou a percepção das pessoas sobre os pit bulls, que deixaram de ser considerados assassinos agressivos e passaram a ser vistos como animais de estimação tranquilos e amorosos. Meu pit bull Junior continua a transmitir essa mensagem. Esses animais são lindos, gentis, pacientes e inteligentes, e sempre terei um ao meu lado para convencer o mundo de que são erroneamente julgados por humanos cruéis. Obrigado, Daddy. Acho que a mensagem está sendo ouvida.

> *Ele nos ensinou a arte do amor incondicional. Como oferecê-lo, como aceitá-lo. Quando isso acontece, a maioria das outras peças se encaixa.*
> — John Grogan, *Marley & eu*

A despedida

Daddy era forte e aproveitava sua vida todos os dias — mas a Mãe Natureza vence até os mais resistentes. Apesar de ter vivido vários anos maravilhosos depois de vencer o câncer, a idade começou a pesar quando ele completou 15 anos. Daddy sempre queria participar das atividades que costumava realizar com facilidade — correr com a matilha, me ajudar no programa, roubar o show no palco durante minhas palestras ao vivo. Porém, aos poucos, atividades físicas foram se tornando difíceis. Ele desenvolveu artrite, e as juntas dos quadris estavam fracas. Ainda assim, era um cão resistente. Quase cego e bastante surdo, continuava projetando o mesmo ar inteligente e a mesma nobreza de sempre.

No fim das contas, a doença progrediu ao ponto em que ele não conseguia mais andar. A indignidade final foi perder o controle da bexiga. Eu sabia que sua hora estava chegando enquanto observava a qualidade de vida que meu pit bull tanto valorizava diminuir ao ponto de ele ter que passar grande parte do tempo deitado em sua cama, dormindo.

O rabo de Daddy balançava em alegria sempre que alguém amado vinha visitar, e ele permanecia calmo e resignado. Mas a veterinária me disse que devia estar sofrendo. Apesar de sua tolerância para dor ser enorme, eu não suportava a ideia de vê-lo em agonia. Realmente acredito que os cães nos mostram quando é o momento de ajudá-los a partir, e entendi que Daddy me dizia que chegara a hora de nos separarmos.

O dia em que tomei a decisão horrível de sacrificá-lo, liguei para Redman e Jada Pinkett Smith para dar a notícia. Os dois imediatamente vieram à minha casa para se despedir, assim como centenas de outros amigos e vizinhos. A vida de todos que conhecíamos tinha sido afetada por Daddy de alguma forma.

Quando a notícia foi a público, recebemos flores e presentes de fãs do mundo todo, até da China, por semanas. A casa estava tão cheia de arranjos e cartões e bichos de pelúcia, que daria para abrir uma floricultura.

A vida de Daddy chegou ao fim em 19 de fevereiro de 2010. Ele tinha 16 anos. A veterinária veio até nossa casa, que estava silenciosa, serena e levemente iluminada por velas (de acordo com uma tradição mexicana que honra os mortos). Quando estávamos prontos, a família inteira se reuniu ao redor dele. Rezamos, e a veterinária deu a injeção. Ainda rezando, observamos enquanto o melhor cachorro do mundo tranquilamente caía no seu último sono. Então eu o abracei, aos prantos. Meus filhos e minha ex-mulher também choravam.

A morte não me era desconhecida. Na fazenda do meu avô, testemunhei várias, incluindo as de alguns animais dos quais havia cuidado. Ela era vista como uma parte natural da vida. Depois que mudamos para Mazatlán, passei a ver a morte humana de perto, algo pelo qual nenhum menino deveria passar. De manhã, enquanto caminhava até a escola, com frequência encontrava cadáveres na rua, depois de suas aventuras na noite anterior.

Mesmo assim, foi só quando o momento chegou que percebi como estava despreparado para lidar com a morte de alguém tão próximo quanto Daddy. No meu coração, eu não estava pronto — mas sabia que não devia ser egoísta. Eu compreendia, lá no fundo, que aquela era a hora dele, e tive que aceitar isso.

Naquela noite, pensei em tudo que passamos juntos — o trabalho na região violenta em que ficava a primeira sede do Dog Psychology Center, a pobreza, o começo do programa de TV, viagens pelos Estados Unidos, a superação do câncer. Apesar de eu amar muito todos os meus cães, percebi que nunca mais haveria outro Daddy.

Dizem que, às vezes, podemos sentir o espírito sair do corpo de uma pessoa quando ela morre. Mas, quando Daddy se foi, senti algo dentro de *mim* ir embora para sempre.

O legado dele permanece aqui. Desde sua morte até hoje, continuo recebendo correspondências com homenagens originais e lembranças do meu pit bull. Guardo tudo em casa, sob um quadro gigante de Daddy feito pelo artista Daniel Maltzman, de Los Angeles.

As pessoas assistiam a *O Encantador de Cães* porque queriam ver como Daddy lidava com situações tensas. Ele dava esperança a milhões de expectadores que tinham problemas com seus cachorros. A esperança é o que nos torna mais fortes. Daddy me tornou mais forte.

Nas minhas viagens pelo mundo, conheço pessoas na Ásia e em outros países que estão assistindo ao programa pela primeira vez. Quando conversam comigo ao vivo e descobrem que Daddy faleceu, elas ficam chocadas. A maioria chora, mesmo sem jamais tê-lo conhecido.

Nunca dei uma palestra em que não tenha falado sobre Daddy. Quando o faço, sempre digo para a plateia: "Queria que vocês pudessem ter conhecido ele."

Sei, sem sombra de dúvida, que eu jamais teria tido tanto sucesso na minha carreira sem Daddy ao meu lado, me mostrando a maneira natural de reabilitar cães problemáticos. Eu não seria um pai tão dedicado se Daddy não tivesse me mostrado o que é o amor altruísta. Nunca teria me tornado o homem que sou hoje sem sua sabedoria extraordinária, que me inspirava a valorizar cada momento, permanecer calmo e confiar nos meus instintos.

Lição canina Nº 6

Como conquistar a sabedoria

- Pratique *mindfulness*. Use meditação, ioga e um tempo na natureza como formas de silenciar os sons ao seu redor. Sua mente vai acabar clareando, e a intuição se tornará mais aguçada.
- Tenha compaixão e empatia. Apesar de vivermos em uma cultura que recompensa a ganância e o egoísmo, tente se colocar no lugar daqueles que sofrem. Então, estenda a mão e ajude.
- Esteja presente. Pare um pouco de falar e pensar sobre si mesmo. Em vez disso, veja e ouça o que

está acontecendo ao seu redor. Observe sem julgar. Apenas fique em silêncio, absorva tudo e deixe as coisas serem como são.

- Aceite que todas as experiências da vida, sejam boas ou ruins, são uma lição crucial em uma escola eterna. Um ditado budista diz que "quando o aluno estiver pronto, o professor aparecerá". Sempre esteja ciente de que qualquer pessoa, animal ou evento pode se tornar o "professor" que você sempre buscou. Aceite sua presença como uma oportunidade de adquirir mais conhecimento.

Lição 7: Adaptabilidade

*Quando você está extremamente preocupado,
a companhia dedicada e silenciosa de um
cachorro lhe traz algo que não se encontra
em nenhuma outra fonte.*

— Doris Day

No fim do verão de 2010, lá estava eu no Dog Psychology Center, em Santa Clarita, sozinho com minha matilha. Algo naquela região me faz lembrar da minha infância no México: as colinas baixas e ondulantes; a charneca; o calor forte e seco do deserto. Dois dos huskies de Jada Pinkett Smith me puxavam em um trenó que modifiquei para atravessar o terreno acidentado. Meu pit bull, Junior, e alguns outros cachorros corriam ao nosso lado enquanto seguíamos pela trilha e subíamos as colinas. Seria impossível me sentir mais vivo.

Naquele instante de alegria pura, o desespero que eu sentia alguns meses antes parecia um pesadelo distante. Percebi que eu estava atribuindo todos os meus sentimentos ruins aos eventos tristes e estressantes que aconteciam comigo, vindo de fora. Mas não compreendia que, para me sentir livre e seguir com minha vida, seria preciso me curar por dentro primeiro.

Rezei, pedindo por clareza, e, naquele momento, senti minha missão de vida ardendo dentro de mim, mais forte do que em muito tempo. Eu sabia que ainda tinha um trabalho a fazer — um objetivo especial na Terra: ajudar cachorros e educar humanos.

Mas seria preciso lidar com algumas questões pendentes antes. Depois de muitos meses de trabalho intenso, eu finalmente tinha concluído meu divórcio, encerrara todas as minhas relações de negócio prejudiciais e me mudara para uma casa nova e confortável. E, tendo em vista que meu novo caminho de vida se tornava cada vez mais promissor, meu processo de recuperação poderia tomar forma.

Para isso acontecer, decidi apertar o botão de reiniciar e me afastar do trabalho que me consumia havia anos. Lentamente, fui me reconectando com minhas paixões verdadeiras. Tirei férias da televisão e das palestras e me foquei no que sempre fora o mais importante para mim: os cachorros.

Durante quase três meses, vi pouquíssimas pessoas, com exceção de amigos próximos e parentes. Todos os dias, eu descontava minhas tristezas e ressentimentos recentes em trabalhos braçais pesados, arrumando e reorganizando o Dog Psychology Center meticulosamente com minhas próprias mãos. O restante do tempo era dedicado aos cachorros — passeando, correndo, andando de patins e brincando com eles.

Também separei um momento para me dedicar à atividade que desde o início inspirou minha paixão vitalícia pelos cães:

simplesmente observá-los brincar e se comunicar entre si. Eu passava horas sentado, olhando os animais interagirem. Um pensamento passava pela minha mente: os cachorros sempre entendem que a vida é simples. Somos nós, humanos, que a complicamos. Enquanto eu os observava saltitar pelos declives da encosta — extasiados só por sentir o sol quente em suas costas —, comecei a sentir o retorno da minha própria capacidade de vivenciar uma alegria pura.

Durante as semanas que passei em uma solidão quase completa, a matilha me ajudou a reestabelecer minha habilidade de viver no presente. Em vez de ficar remoendo meus erros do passado, comecei a me sentir grato por estar ali, exatamente onde estava.

Os cachorros geralmente são mais felizes do que os homens apenas porque acham que as coisas mais simples são as melhores!

— Mehmet Murat Ildan, romancista e dramaturgo

Disneylândia

Nada é mais essencial à adaptabilidade do que ser capaz de viver como os cães, se deleitando com a natureza e vivendo um momento de cada vez. Isso não significa, de forma alguma, se esquecer do passado ou ignorar as possíveis consequências do futuro. Porém, viver no presente nos ensina a aceitar o passado e o futuro com uma postura positiva.

Há algo que dizem em programas de reabilitação que sempre me pareceu interessante: "Nós não nos arrependemos do passado nem desejamos ignorá-lo." As lições do passado não devem ser esquecidas, mas também não se pode ficar preso a elas. Se for possível se lembrar do passado de forma positiva enquanto se vive no momento presente, ou se ele serve de inspiração para melhorar no futuro, então você está no caminho certo.

Enquanto meus cachorros me puxavam no trenó pelo terreno poeirento, eu me sentia inundado de gratidão. A dor do divórcio ficara para trás, e meu foco passou a ser me recuperar e perdoar. Ainda havia a dor do distanciamento dos meus filhos — mas, por algum motivo, sentindo a força e o apoio da matilha ao meu redor, eu sabia, no fundo do coração, que faríamos as pazes e nos tornaríamos mais unidos que nunca. Por enquanto, eu tinha meus companheiros de quatro patas e o apoio sólido da minha família: meus pais; meu irmão, Erick; minhas irmãs, Nora e Monica; e os amigos que sempre se mantiveram ao meu lado.

Apesar de estarmos no auge do verão, eu me sentia como o personagem de George Bailey no filme natalino *Felicidade não se compra*. No fim da história, o anjo da guarda de George, Clarence, lhe deixa uma mensagem especial: "O homem que tem amigos não pode ser um fracassado." Essa é a moral do filme, além de um bom princípio a se ter na vida. É claro, se você tiver um cachorro, sempre terá um amigo.

Dos arquivos científicos

Uma conexão genética?

Talvez, como a ciência parece indicar, a conexão entre humanos e cachorros vá além de uma questão histórica e evolucionária. Talvez esteja em nossos genes.

Em dezembro de 2005, uma equipe de cientistas anunciou no periódico *Nature* que havia completado o sequenciamento do genoma do cão doméstico.[11]

"Os humanos e os cachorros têm o mesmo conjunto genético", afirma a líder do projeto, Kerstin Lindblad-Toh, do Broad Institute de Harvard e do Instituto de Tecnologia do Massachusetts. "Na verdade, cada gene do genoma canino é igual ao do humano, com funções similares."[12]

Conforme minha gratidão e meu entusiasmo pela vida voltavam, minha criatividade e motivação também ressurgiram. Enquanto observava os cachorros brincando e notava os detalhes que lhes davam alegria, tive uma inspiração poderosa. Pensei comigo mesmo: "Nós dizemos que amamos nossos cães — mas geralmente incentivamos atividades que só deixam os humanos felizes. Por que não existe um lugar focado em trazer felicidade aos próprios *cachorros*?"

Foi então que vislumbrei meu futuro. O Dog Psychology Center seria transformado em uma Disneylândia para cachorros. Eu criaria um paraíso que permitiria que fizessem tudo que amavam — nadar, caminhar, carregar coisas, cavar, treinos de agilidade, de olfato, exercícios de busca e resgate, e mais.

Então, eu separaria um espaço para outras espécies, para destacar o lugar dos cães no reino animal. Faria palestras para os donos sobre como deixar seus bichos de estimação felizes, para que eles também fossem capazes de dar uma vida alegre a seus animaizinhos. E depois, como Walt Disney, espalharia esse conceito pelo mundo.

Depois de alguns meses, quando finalmente me senti pronto para voltar a Los Angeles e ao trabalho, descobri que meu irmão, Erick, tinha encontrado um escritório em Burbank para minha nova empresa. O prédio parecia um castelo saído de um conto de fadas da Disney. Acreditei que aquele era um sinal do destino de que eu estava no caminho certo.

Quando contei para minha equipe pequena, porém leal, sobre o conceito da "Disneylândia para cachorros", todos se empolgaram na mesma hora, e começamos a trabalhar. Não demorou muito para que o Dog Psychology Center de Santa Clarita se tornasse muito mais do que eu jamais imaginara: um parque de diversões canino, cheio de cachorros e outros animais — incluindo cavalos, lhamas e tartarugas —, com uma piscina enorme, uma pista de obstáculos e várias atividades interessantes para os cães. Disponibilizamos um seminário pequeno e prático com o básico para os donos, para que pudessem aprender a compreender seus cachorros e suprir suas necessidades caninas. E então, inspirados pela Disney, seguimos para a Flórida e abrimos um segundo Dog Psychology Center — informalmente conhecido como "Disneylândia" — em Fort Lauderdale, em 2014.

Sempre vou me lembrar daquele dia marcante nas colinas desérticas acima de Santa Clarita, da minha felicidade ao reconhecer que estava mesmo curado — no plano espiritual, emocional e físico. E ficou claro que os cães, não os remédios humanos, foram os responsáveis por aquilo. Eles não só me inspiraram a usar toda minha capacidade de adaptabilidade e continuar a caminho de um futuro com uma perspectiva positiva, como também me ajudaram sem pedir nada em troca. Esses anjos de quatro patas me apoiaram no meu momento mais difícil e me acompanharam até a época mais promissora da minha vida.

Entre os cachorros da matilha naquele dia no centro estava meu anjo da guarda especial: um pit bull "blue" musculoso de 3 anos chamado Junior.

> *Cachorros são sábios. Eles se escondem em um cantinho tranquilo, lambem as feridas e só voltam para o mundo quando estão curados.*
>
> — Agatha Christie

A criação de Junior

Em 2008, tive que encarar a realidade dolorosa de que Daddy não ficaria comigo para sempre. Ele tinha superado o câncer e se recuperado muito bem, mas era impossível negar que estava começando a diminuir o ritmo. Eu sabia que sua personalidade extraordinária era uma raridade em qualquer animal. E decidi que ele precisava de um pupilo — um aprendiz da próxima geração a quem pudesse transmitir sua sabedoria enquanto ainda estava conosco. Eu tinha um plano: Daddy me ajudaria a criar seu sucessor perfeito desde a infância.

Dos Arquivos dos Famosos

Jada Pinkett Smith

Faz mais de vinte anos que Jada é uma de minhas amigas e confidentes mais próximas. Nós nos conhecemos quando eu ainda lavava limusines e adestrava cães como bico; ela queria treinar seus dois rottweilers para se tornarem cães de guarda pessoais. Já passamos por bons e maus momentos juntos, e sua experiência com o poder de cura da matilha é semelhante à minha.

"Vou lhe contar o que meus cães fizeram por mim", disse Jada um dia, enquanto caminhávamos com a matilha pelas montanhas de Santa Monica. "Eles me ajudaram a voltar às minhas origens. Cresci em uma zona de guerra, em uma vizinhança extremamente perigosa. Em casa, meu pai não era alguém presente, minha mãe era muito jovem e eu era uma vítima. Todos. Os. Dias. Quando estava na rua, precisava seguir os meus instintos para sobreviver."

Mas Jada conta que, quando começou a ter sucesso em Hollywood, esses instintos foram sumindo, tornando-a vulnerável. "Você passa a viver em uma bolha protegida, sabe?", diz ela. Quando começamos a trabalhar juntos e eu lhe ensinei a lidar com uma matilha, minha amiga começou a retomar a pessoa que era. "Meus cachorros me deram a chance de permanecer conectada e manter afiados os instintos que desenvolvi nas ruas de Baltimore na juventude — e ser capaz de usá-los de forma diferente. Agora, conto com minha intuição para lidar com negócios. Para decidir com quem trabalhar e com quem não trabalhar, para me relacionar com as pessoas. Meus cachorros me ajudaram a reencontrar a pessoa que sou de verdade."

Quanto a Daddy Junior, como eu o chamaria, foi fácil escolher sua raça. Daddy se tornara o pit bull mais amado do mundo e ajudara várias mentes e corações a compreender melhor sua espécie. Eu queria outro cão da raça para continuar a campanha de ressignificação que havíamos começado.

Por sorte, um amigo próximo que eu conhecia desde que morava no México me ligou para contar que sua pit bull fêmea, gentil e submissa, e seu belo macho, que também era um cão calmo e tranquilo que participava de exposições, tinham acabado de dar cria. Ele estava cheio de filhotes que pareciam ter herdado o temperamento sereno dos pais e queria que eu os conhecesse. "Quem sabe?", disse meu amigo. "Talvez você encontre o próximo Daddy."

Naquele dia ensolarado, Daddy estava no banco do passageiro do meu jipe enquanto eu atravessava a cidade para conhecer a ninhada de filhotes de seis semanas. As bolinhas de pelo desajeitadas e agitadas subiram em nós enquanto eu os avaliava rapidamente, me baseando no seu comportamento conosco e com a mãe: qual era o alfa, quais estavam no final da matilha, quais estavam no meio.

Um dos pequenos imediatamente se destacou do restante. Ele era de um cinza aveludado, com uma mancha branca no peito e olhos azul-claros encantadores. Esse tipo de cão é conhecido como pit bull "blue" (apesar de os olhos geralmente ficarem esverdeados ou castanhos conforme envelhecem). O filhote era uma graça, mas fui mais atraído por sua energia do que pela aparência. Senti um calafrio ao pegá-lo. Seus modos me lembravam os de Daddy quando era pequeno.

É claro que, como criar o filhote seria um trabalho para Daddy, era ele quem teria a palavra final. Com delicadeza, peguei o filhote e apresentei sua traseira ao pit bull, que a cheirou e indicou interesse. Quando coloquei o cachorrinho no chão, ele foi cambaleando até Daddy com a cabeça baixa, respeitoso e submisso. Fiquei impressionado por um filhote de 6 semanas já apresentar tanta educação canina. Quando Daddy terminou sua análise e se virou para ir embora, o pequeno ergueu o olhar, balançou o rabo e começou a segui-lo! Não havia como ser diferente — tínhamos encontrado nosso "Daddy Junior".

Junior tinha oito semanas quando o trouxemos para casa. Desde a primeira noite, ele e Daddy se tornaram inseparáveis — dormiam juntos, comiam juntos, brincavam juntos —, com o filhotinho correndo atrás do meu companheiro idoso, porém ainda energético, tentando imitar tudo que o mais velho fazia. Assim que Junior tomou todas as vacinas e recebeu permissão da veterinária, comecei a levá-lo com a gente para todo canto. Ele me acompanhava em palestras e em passeios pelas montanhas e praias com a matilha. Até comecei a deixá-lo aparecer com os outros cães em episódios do programa. Quando se cria um filhote, é importante expô-lo ao máximo possível a situações diferentes. Quanto mais adaptável seu cachorro for, mais confiante e equilibrado ele se tornará.

Como os cachorros praticam a adaptabilidade

- Os cães começam todo dia do zero, então as preocupações, emoções ou medos de ontem não necessariamente são válidos. Todo dia é uma oportunidade de recomeçar; quaisquer fracassos, receios ou sentimentos ruins do passado nunca duram muito.

- Os cães tendem a não demonstrar qualquer tipo de dor ou machucado, uma vez que dar sinais de fraqueza pode ser perigoso. Isso os torna mais firmes — mas também faz com que se recuperem com rapidez.
- Os cães são muito influenciados por sua matilha e pelas pessoas ao redor — então, se o seu grupo social demonstra força, até um cachorro tímido tentará agir da mesma maneira.
- Os cães são curiosos e se interessam por novas aventuras, o que os ajuda a seguir em frente depois de uma situação negativa.

Junior assume o comando

No meio de 2009, quando Daddy estava fraco demais para continuar participando de muitos episódios de *O Encantador de Cães*, comecei a ensinar Junior, então com 2 anos e meio, a ser meu braço direito, contando com sua ajuda nos casos de desequilíbrio com que eu lidava no programa. Por ter passado a infância seguindo Daddy e observando tudo que ele fazia, o pit bull mais jovem entendia na mesma hora o que era esperado dele (apesar de eu ter lhe dado muitas orientações no começo). Hoje, aos 7 anos, ele é um lindo e corpulento brutamontes no seu auge, e suas habilidades se desenvolveram ao ponto de não precisarmos de palavras para nos comunicar — uma conexão quase tão forte como a que eu tinha com Daddy.

Em muitos aspectos, Junior é bem diferente do outro pit bull. Fisicamente, é mais alto e mais musculoso; Daddy era atarracado e tinha um corpo compacto, rígido. E suas personalidades também diferem. Se a vida fosse uma faculdade, Daddy seria o estudante de filosofia pensativo e tranquilo, enquanto Junior seria o esportista festeiro. Ele é um atleta habilidoso e ágil, e adora sua bola — se eu não impusesse limites para seu tempo de brincadeira com ela, facilmente se tornaria obcecado.

As coisas que Junior é capaz de fazer com uma bolinha são surpreendentes. Ele também é doido por água, coisa que nem sempre acontece com pit bulls. Daddy nunca foi muito fã; quando eu o levava para a praia, ele ficava observando o mar de longe e cavava um buraco especial na areia, mas não gostava de sair correndo atrás da bola, espirrando água para todos os lados, como os outros. Junior, por outro lado, nada até submerso. Ele mergulha como um profissional, prendendo a respiração enquanto mantém os olhos abertos, e segue em busca de sua bola caso ela afunde.

Dos arquivos dos famosos

John O'Hurley

Não sou a primeira pessoa cujo cachorro ajudou a superar um divórcio difícil, e com certeza não serei a última. Mais conhecido por seu papel como J. Peterman em *Seinfeld*, o ator John O'Hurley contou à revista *Cesar's Way* como seu maltês, Scoshi, o salvou durante um período difícil pós-separação.

"Eu e Scoshi atravessamos o país de carro, indo de Nova York até Los Angeles", disse ele em novembro de 2010. "E nos ajustamos à ideia de que nossa família agora se resumia a nós dois. Cachorros são tão pacientes, vivem apenas o momento. Eles não têm senso de passado ou de futuro."

Alguém com quem rir

Quando saí da casa que dividia com minha ex-esposa e meus filhos, tive que encontrar um apartamento temporário. O único cachorro que levei comigo foi Junior; o restante permaneceu no Dog Psychology Center, com a equipe. Éramos dois solteirões e fazíamos tudo juntos — caminhávamos, íamos para o trabalho, comíamos, dormíamos, assistíamos à TV no sofá. Mesmo depois de eu começar a me sentir melhor, havia noites em que pensamentos sombrios surgiam, e eu era tomado pela solidão, por arrependimento e tristeza.

Foi então que descobri outra qualidade maravilhosa de Junior: ele tem o dom do humor, é um palhaço. O cachorro sempre parecia saber quando eu precisava de apoio — e era então que tentava me fazer rir. Por exemplo, toda manhã, esse pit bull de trinta quilos age como filhotinho engraçado. Faz uma dancinha, se estica de costas no chão e me olha, querendo que eu estique suas patas e faça carinho em sua barriga.

Junior também está sempre disposto a uma farra com os outros cães. Ele adora brincar com nossa matilha de casa, especialmente com os menores, como Coco, Benson e Gio. Seu corpo é largo e musculoso, porém, quando brinca com os cachorrinhos, ele tenta se abaixar e imitá-los — e isso só o faz parecer bem mais desajeitado. Para mim, é impossível não rir quando o vejo rolando pela casa, tentando copiar os amigos pequenos. Ele não é tão ágil e gracioso quanto os outros, mas parece acreditar que é!

Quando eu estava enfrentando as piores horas da minha jornada depressiva, Junior salvou minha vida. Ele não me permitia ficar triste ou com raiva por muito tempo. Apesar de ser muito diferente de Daddy, Junior era exatamente o cachorro de que eu precisava durante aquele período traumático. É claro, eu já tinha lido as pesquisas sobre o poder de cura das risadas, mas nunca colocara essa teoria na prática antes de conhecê-lo.

Adaptabilidade e cura: os cães como terapeutas

Os cachorros têm um poder de cura especial que a ciência só agora começa a quantificar e compreender. Isso não é nenhuma surpresa; acredito que milhões de pessoas já tenham sido curadas física e emocionalmente por cachorros. Durante minha vida e carreira, vi os cães mudarem a vida de muita gente desenganada pela psicoterapia e pelos remédios.

DOS ARQUIVOS CIENTÍFICOS

Os cachorros têm senso de humor?

Mais de um século de pesquisa indica que sim! Charles Darwin foi o primeiro cientista a propor que cachorros podem ter um senso de humor. Em seu livro publicado em 1872, *A expressão das emoções no homem e nos animais*, ele descreve a maneira como alguns cães "provocam" o dono , "fingindo" que estão tendo dificuldade para pegar um objeto jogado — mas, no último segundo, o prendem na boca e saem correndo, felizes, como se tivessem pregado uma peça. Darwin interpretava isso como um comportamento diferente de uma brincadeira normal.

Konrad Lorenz, etólogo austríaco vencedor do Prêmio Nobel, foi ainda mais ousado ao sugerir que os cães riem. Em seu livro de 1949, *E o homem encontrou o cão...*, escreveu: "Essa 'risada' é com frequência vista em cachorros brincando com seus amados donos. [Eles] se tornam tão animados que logo começam a arfar."

Esses mesmos sons arfantes que Lorenz considerava a "risada" canina foram testados anos depois por Patricia Simonet, da Sierra Nevada College, em Lake Tahoe.[13] Em 2001, ela e seus alunos gravaram e analisaram sons emitidos durante uma brincadeira — e descobriram que possuem, de fato, um padrão e uma frequência bem diferente das arfadas normais de um cachorro. Quando Simonet tocava gravações dessa risada canina para cães jovens e filhotes, eles reagiam com uma alegria nítida, pegando um brinquedo e se posicionando para brincar. Outras gravações de várias vocalizações de cachorros, incluindo arfadas comuns, não produziram o mesmo efeito.

Em 2009, o Dr. Stanley Coren, neuropsicólogo e autor best-seller de livros sobre comportamento canino, deu uma utilidade mais prática para a recém-descoberta "risada canina" de Simonet.[14] Ele fez experiências com os sons até conseguir criar uma imitação humana reproduzível do padrão: "Para mim, o que parece dar mais certo é algo parecido com 'hhuh-hhah-hhuh-hhah'... Isso fez meus cães sentarem e balançarem o rabo ou virem até mim."

Depois, Coren tentou usar esses sons para acalmar cães ansiosos. Ele gravou resultados positivos com todos os casos, com exceção dos animais mais profundamente ansiosos ou traumatizados. "É parecido com tentar acalmar humanos", observa. "Se as pessoas estiverem moderadamente ansiosas, introduzir humor à situação pode ser útil e relaxante. Mas, se

> estiverem em pânico, tentativas de melhorar o clima podem ser interpretadas como uma zombaria do seu estado emocional, talvez até piorando as coisas."
>
> Pense nisto: Você ri com seu cachorro?

Um dos exemplos mais impressionantes em *O Encantador de Cães* foi o caso de A.J., uma cliente que desenvolveu um grave distúrbio de pânico, similar ao estresse pós-traumático, após uma longa série de perdas pessoais e mortes tristes em sua vida. Sua ansiedade era tão grave que ela temia sair em público, passando boa parte do tempo trancafiada em casa. Mas, depois que adotou um pequeno terrier desmazelado chamado Sparky, ela começou a notar que tinha menos ataques de pânico — e, quando eles ocorriam, sua recuperação era bem mais rápida.

Sparky ajudou A.J. quando todos os outros tratamentos tinham fracassado. Ele acalmou sua ansiedade e tranquilizou seu coração palpitante. Sua presença já bastava para fazer a dona se sentir melhor. Ela decidiu registrá-lo como um cão de assistência emocional — uma categoria que só foi reconhecida nos últimos dez anos — para levá-lo consigo a todos os lugares que fosse. O problema era que A.J. morria de medo de cachorros grandes — especialmente de pit bulls —, e seu pavor tornava Sparky agressivo com os animais que a deixavam nervosa. Isso era um problema, porque cães de assistência não podem demonstrar qualquer sinal de agressão.

A forma que encontrei de ajudar A.J. foi levando-a para o Dog Psychology Center e cercando-a de mais de uma dúzia de pit bulls amigáveis; eles lhe demonstraram tanto amor que ela superou seus medos. E, quando a dona parou de se apavorar, as crises de agressão do terrier também desapareceram. A experiência de A.J. foi transformadora, e, com um Sparky registrado e bem-comportado ao seu lado, ela se tornou mais forte e firme em sua vida do que nunca, saindo de seu esconderijo.

> ### Dos arquivos científicos
>
> **O antidepressivo da natureza**
>
> Um estudo recente do *Journal of Personality and Social Psychology* mostrou que donos de animais de estimação geralmente se sentem melhor do que pessoas sem animais, apresentando níveis mais baixos de medo e obsessão.[15] Essas pessoas são menos deprimidas e solitárias, têm níveis mais elevados de autoestima e felicidade e apresentam menor propensão ao estresse. Os cachorros parecem ter capacidades antidepressivas naturais e podem fazer maravilhas pela autoestima de alguém, assim como reduzir a sensação de ansiedade.

Oito anos depois, sua saúde mental e física está melhor, e A.J. agora é uma das chefs de comida vegana mais requisitadas de Los Angeles. Cheia de vida e confiança, ela atribui sua nova situação aos poderes de cura de um cachorrinho.

Pessoalmente, eu queria que mais psiquiatras receitassem "adote um cão" antes de escreverem o nome de algum remédio em seus bloquinhos brancos.

Faz pouco tempo que um fã me mandou um e-mail com a história de um cão adotado que é um belo testemunho sobre o poder de cura e adaptabilidade. Em respeito à privacidade do remetente, removi nomes e detalhes que facilitariam sua identificação.

Querido Cesar,

Luto contra a depressão desde a época da escola, e não é fácil. Remédios, terapia, ansiedade, mais remédios. Faz quase vinte anos que entro e saio do tratamento; às vezes, as coisas vão bem, mas, em outros momentos, acabam péssimas. Mudanças de vida não são tão fáceis para mim como para a maioria das pessoas. Algumas coisas podem me lançar em um poço de depressão que parece infinito.

Em 2012, adotei minha cadela, uma mistura de husky, que estava prestes a ser sacrificada depois de ser resgatada em um acostamento. Desde o dia em que seus protetores abriram a porta e a deixaram correr em minha direção, a vida mudou. Chorei de alegria diante daquele rosto lindo, dos olhos verdes tão cheios de felicidade e gratidão apenas pela minha presença. Desde então, ela me ajudou a lidar com a depressão e me dá um motivo para levantar de manhã e fazer as coisas que a maioria das pessoas executa sem nem pestanejar.

Quando tudo que quero fazer é ficar deitado na cama e dormir, minha cadela está lá, me encarando com aquelas sobrancelhas grossas e com uma expressão que diz "vamos brincar". Eu me levanto, dou um abraço apertado nela, lhe digo o quanto a amo e que não saberia o que fazer sem sua presença. Ela mudou minha vida.

Agora, só de saber que ela tinha apenas três semanas de vida e quase foi sacrificada faz com que eu veja as coisas de forma diferente.

Exceto em caso de desastres naturais, traumas graves no início da vida, danos cerebrais ou problemas de reprodução, os cachorros não sofrem de problemas mentais que não sejam causados por humanos. Somos nós que os tornamos loucos e desequilibrados. Eles podem desenvolver certas questões e fobias a partir de pessoas instáveis ou ambientes estressantes em que não conseguem satisfazer suas necessidades. Mas, quando saem dessas situações negativas, com frequência se recuperam completamente (daí minha observação de que "os cachorros sempre se voltam para o equilíbrio"). O surpreendente é que eles também têm o poder de nos equilibrar.

NOVE FORMAS DE MELHORAR NOSSA SAÚDE MENTAL COM A AJUDA DOS CÃES

1. Eles nos oferecem o efeito calmante do toque físico.
2. Eles nos dão afeição e aumentam nossa autoestima.
3. Eles reduzem nosso isolamento e solidão.
4. Eles incentivam empatia ao nos dar responsabilidade por outra criatura.
5. Eles nos ajudam a construir novos relacionamentos humanos.
6. Eles nos distraem de pensamentos e sentimentos negativos.
7. Eles nos incentivam a manter rotinas saudáveis, como fazer exercícios físicos, e nos mantêm em uma programação simples.
8. Eles aumentam nossos níveis de serotonina quando estamos juntos.
9. Eles nos oferecem o poder curativo da risada.[16]

Um exemplo emocionante de como a visão de um cachorro pode melhorar a saúde mental e encorajar a adaptabilidade de um humano é o caso de Owen Howkins, que conhecemos na edição de agosto de 2012 da revista *Cesar's Way*. Owen nasceu com uma doença genética rara chamada síndrome de Schwartz--Jampel, o que significa que seus músculos estão sempre tensionados. Sua infância foi dolorosa. Desde pequeno, ele sabia que as pessoas o encaravam de forma diferente, o que fez com que tivesse vergonha de sua aparência — marcada pelo nanismo, uma cabeça pequena e olhos anormalmente diminutos. Assim como A.J., Owen se escondeu no seu mundinho, se apegando cada vez mais à segurança e ao isolamento de sua casa.

Ao mesmo tempo, um pastor-da-anatólia chamado Haatchi também sofria. Ele só tinha 10 meses de vida quando alguém o amarrou em uma estrada de ferro e o deixou para morrer. Um trem arrancou uma de suas pernas traseiras, mas, por um milagre, o cão conseguiu sobreviver. Ele passou dias sozinho nos trilhos, sangrando e chorando, até ser resgatado pelo pai de Owen, Will, que levou o cão de três pernas para morar com a família.

Já trabalhei com muitos cachorros sem uma das pernas, e todos agem como se não houvesse nada faltando em seu corpo. Surpreendentemente, a maioria consegue acompanhar a matilha nas caminhadas matinais. E os cães com quem interagem não se importam com o fato de o amigo ter perdido uma perna, um olho ou parte do rabo. Eles não se julgam dessa forma, e Haatchi também não via nada de diferente em Owen.

Quando o menino fitou pela primeira vez os olhos castanhos amorosos do cão, sua vida mudou no mesmo instante. A aceitação incondicional que seu novo animal de estimação demonstrou por sua condição lhe deu confiança para voltar a sair de casa. Owen cuidava do pastor-da-anatólia, levando-o para passear e a exibições de cães; como resultado, passou a sentir que tinha um propósito, e sua confiança aumentou. Ele também perdeu o medo de estranhos, porque, com Haatchi por perto, agora pode conversar com os outros sobre seu cachorro.

Cães de terapia

Hospitais são estabelecimentos cheios de dor, medo e tristeza, e não consigo imaginar muitos outros lugares onde a presença de um cachorro seja mais necessária.

Dos arquivos dos famosos

Dr. Andrew Weil

O Dr. Weil, praticante da medicina integrativa, diz que já "receitou" cães para pacientes como parte do tratamento. Em 2012, ele disse à revista *Cesar's Way* que "ter um cachorro é ótimo para o bem-estar emocional". Os animais precisam de você para suprir suas necessidades, e isso "evita que a pessoa se torne muito focada em si mesma, o que não é saudável".

Weil continua: "Meus dois leões-da-rodésia me lembram de que a felicidade espontânea é uma possibilidade real, porque a demonstram para mim todos os dias."

> **Levando os hospitais para o século XXI**
>
> David Frei, autor de *Angel on a Leash: Therapy Dogs and the Lives They Touch* [Um anjo em uma coleira: cães de terapia e as vidas que tocam], é a voz das exibições caninas do Westminster Kennel Club. Sua esposa, Cherilyn, é a capelã católica da Casa Ronald McDonald em Manhattan; juntos, os dois são defensores ardorosos da adoção de cachorros de terapia por mais hospitais.
>
> "Muitas pessoas da área não queriam cachorros nos hospitais quando começamos", diz David. "Mas, agora, a ciência está descobrindo aquilo que donos de animais já sabiam."
>
> Toda semana, ele e seus dois spaniels bretões visitam crianças hospitalizadas. "Quando um cão entra no quarto, a energia muda. Pacientes que antes estavam calados começam a falar, abrem um sorriso. Os cachorros vivem no momento presente e permitem que os pacientes também o façam por um instante."

Depois das zonas de guerra, hospitais são considerados alguns dos lugares mais estressantes para os humanos. Cheios de um conjunto de aromas peculiar, muitos transmitem a mesma mistura de fluidos corporais, remédios, produtos de limpeza e borracha, fazendo com que sejam espaços muito desagradáveis. E, apesar do objetivo de silêncio e serenidade, a maioria é repleta de barulhos de fundo: vozes abafadas, gemidos e tosses, o ruído de respiradores, o apito de monitores, telefones, sons de chamadas e o ranger de elevadores.

Graças aos seus sentidos aguçados, energia e compaixão, os cachorros de terapia que visitam e dão apoio aos pacientes provaram ser um dos melhores remédios que um hospital pode oferecer. Os melhores cães para a tarefa são os animais despreocupados do meio da matilha. Eles são amigáveis e curiosos com praticamente todos, levando uma energia positiva consigo. Os cheiros que os humanos desgostam são uma paleta vívida para o olfato canino, mas não são associados a nenhum aspecto negativo. Os cães também não chegam carregados de culpa, pena ou preocupação.

Como todos sabem, os hospitais abrigam pessoas em seus momentos de maior fragilidade. Os cachorros levam otimismo, esperança, curiosidade e alegria — todas as qualidades de que pessoas doentes ou machucadas precisam. Um bom cão de terapia entra em um quarto e vai direto para a pessoa mais doente ou emocionalmente necessitada. Então, continua sua ronda até todos os pacientes estarem projetando uma energia positiva. Para os cachorros, a energia de dor e doença é algo a ser corrigido, e trazer equilíbrio ao ambiente é um desafio interessante.

Treinei Junior como cachorro de terapia e o registrei oficialmente em 2012. Esse, basicamente, é seu papel na minha série *Cesar 911* (porém, no programa, ele trabalha mais com outros cães do que com pessoas). Junior usa seu colete oficial de "cachorro de terapia" com orgulho, o que permite que vá a todos os lugares comigo; quando as pessoas o veem, têm certeza de que é bem-comportado, calmo e extremamente treinado. Usando o colete, também fica nítido que ele está trabalhando, e todos sabem que não podem fazer carinho nele nem distraí-lo.

*A arte da cura vem da natureza, não do médico.
Portanto, o médico deve começar pela natureza,
com a mente aberta.*

— Paracelso

Chamada para o Dr. Cão, oncologista

Nenhuma reflexão sobre as muitas dimensões da adaptabilidade estaria completa sem uma discussão sobre a capacidade miraculosa dos cães de não apenas facilitar a cura física, mas também de ajudar a descobrir doenças antes que seja tarde demais. No caso: cachorros que sentem cheiro de câncer.

As nuances do senso de olfato de um cão de detecção são muito impressionantes. Esses animais especiais constantemente têm a tarefa de encontrar uma agulha em um palheiro. Mas, devido ao fato de terem cerca de cem mil receptores de cheiro a mais do que nós, são capazes de reconhecer os odores característicos de células cancerígenas e seus dejetos — às vezes, até mesmo quando o câncer ainda está começando a se manifestar. Os cães também são capazes de identificar traços químicos de uma substância no corpo humano na faixa de partes por trilhão.[17] E sabem quando encontram um cheiro que não deveria existir ali.

Hoje, cães de detecção são capazes de sentir e reconhecer o câncer muito antes de testes de laboratório darem um diagnóstico, com uma taxa de precisão impressionante de 98%.[18] A descoberta da doença no começo — incluindo alguns dos tipos de câncer mais mortais — significa que ela pode deixar de ser fatal e passar a ser curável.

Finalmente, a ciência descobriu o que nossos cães tentam nos dizer há milhares de anos. Nós mal começamos a ensiná-los a nos transmitir seu conhecimento valioso.

Na primavera de 2010, tive a sorte de visitar um desses impressionantes centros de treinamento de detecção. Na Pine Street Clinic em San Anselmo, Califórnia, Kirk Turner, o adestrador-chefe, me explicou como conseguia ensinar um cachorro a detectar câncer em apenas duas semanas e meia. Ele esvaziava potes de papinha de bebê ou recipientes de filme fotográfico e os enchia com células e/ou urina de uma pessoa doente, fazendo furos na tampa para o cheiro ser liberado. Os cães recebiam vários frascos e eram treinados para sentar ao lado daquele que exalasse o odor certo — no caso, de células cancerígenas. Uma resposta correta equivalia a um presente — um biscoito, carinho e elogios ou uma sessão de brincadeira —, dependendo da preferência individual do animal.

Michael McCulloch, diretor da clínica, me contou sobre a ocasião em que um treinamento detectou uma recaída em uma mulher, quando os médicos dela só encontrariam o novo tumor dali a um ano e meio. Ela fazia parte do grupo de controle que fornecia amostras de hálito de pessoas que deveriam estar curadas da doença. Dos 25 cães que cheiraram seu frasco, 24 indicaram câncer ao sentarem imóveis diante da amostra. Quando os médicos da mulher descobriram o novo tumor, ele ainda era tão pequeno que mal podia ser detectado; literalmente, estava no que chamam de "estágio zero". Os especialistas conseguiram removê-lo por completo.

Outra história maravilhosa envolve um incidente chocante que ocorreu durante uma competição de cachorros muito prestigiosa. Os juízes não sabiam que um dos participantes sendo julgado por sua beleza tinha outro emprego: ele era um dos primeiros schnauzers a se tornar cão de detecção de câncer. Mas havia um problema: uma das regras da competição era que o cachorro precisava permanecer de pé durante a avaliação, correndo o risco de ser eliminado se desobedecesse.

Quando o schnauzer detector de câncer chegou perto de uma das juradas, imediatamente sentou e se recusou a se mover. É claro que foi desqualificado na mesma hora. Porém, antes de sair da arena, o treinador do cão chamou a juíza em um canto e a aconselhou a se consultar com um médico.

Alguns dias depois, a mulher ligou para o treinador para agradecer e disse que os médicos descobriram um câncer de mama no estágio dois. Se não fosse pelo cachorro, seria bem capaz de ela não ter descoberto a doença a tempo de ser tratada.

É claro, o schnauzer não se importou em ser eliminado da competição. Ele seguiu seu treinamento — e salvou a vida de uma pessoa.

Cães detectores de diabetes

Recentemente, eu estava em um coquetel chique quando algo me fez erguer o olhar. Lá vinha um golden retriever maravilhoso, vestindo um colete e uma mochila, chamando atenção de todo mundo. O belo animal acompanhava uma mulher de 30 e poucos anos, e nós dois conversamos um pouco.

Na teoria, a Lei sobre Americanos com Deficiências proíbe que desconhecidos perguntem ao acompanhante do animal qual é a sua doença (além de ser um ato um pouco grosseiro).

Mas a moça logo me reconheceu e contou que tinha diabetes tipo 1, que o nome do seu cão era Hardy e que estavam juntos havia três anos. O cachorro não só lhe alertava sobre variações perigosas na sua glicemia, mas também carregava insulina em um estojo médico e outros artigos de emergência na mochila. Cachorros detectores de diabetes percebem variações de glicemia pelo hálito do dono. Eles também são treinados para buscar ajuda externa caso seu humano desmaie ou se torne incapacitado.

A mulher pegou uma tigela de plástico dobrável e vermelha que estava presa à lateral da mochila de Hardy. "É bom trazê-lo comigo em eventos em que posso acabar comendo algo que me afete sem eu saber", explicou ela, despejando a água de um copo plástico na tigela e colocando-a no chão. "E tem mais: nunca preciso me preocupar com estar em um lugar onde não conheço ninguém. As pessoas sempre se aproximam de nós e puxam assunto."

Sofia e Monty

Sofia Ramirez adotou Monty, seu dachshund de pelo longo miniatura, quando estava procurando um cão para participar de competições. Porém, logo depois, quando foi diagnosticada com hipoglicemia, notou que Monty reagia de forma estranha sempre que ela desmaiava ou tinha dor de cabeça. Com o tempo, Sofia ligou os pontos e percebeu que seu novo bichinho seria um ótimo animal de assistência.

> ## Dos arquivos científicos
>
> **Como os cachorros nos curam**
>
> - Cães detectores identificam diabetes tipo 1 e avisam a pessoas com a doença quando sua glicemia está muito baixa.
> - Cães detectores de epilepsia avisam aos donos quando uma crise se aproxima, para que possam tomar seus remédios e ir para um lugar seguro.
> - Cães de assistência ajudam pessoas cegas, surdas, com lesões no cérebro ou doenças crônicas (por exemplo, que sofrem do mal de Parkinson). Eles são treinados para executar tarefas diárias, guiar o dono em público, e alertar tanto o dono quanto os outros sobre condições potencialmente perigosas.
> - Cães de assistência emocional ajudam pessoas com transtornos mentais ao lhes dar apoio e contato físico.
> - Cães de terapia levam alegria a casas de repouso e hospitais.
> - Cães detectores de alergias identificam elementos alergênicos potencialmente mortais na comida e no ambiente.

Depois de um treinamento intensivo, Monty passou a monitorar o nível de glicemia de Sofia. Se ele começa a cair, o dachshund a cutuca com a pata para alertá-la de que deve tomar seu remédio. "Uso um medidor, mas é mais fácil me esquecer de usá-lo do que ignorar um cachorro tentando chamar minha atenção", explica ela. "Se não fosse por Monty, é bem provável que eu não estivesse mais aqui."

A parte mais impressionante da história é que o cão desenvolveu essa habilidade por conta própria, antes mesmo de começar seu treinamento. Ele só precisava que lhe ensinassem o que fazer caso a glicemia de Sofia caísse. Muitas das formas como os cães auxiliam a saúde humana parecem vir diretamente de suas habilidades naturais, inatas.

> *O trabalho mais importante do cachorro ainda existe. Como o legendário Cérbero, o cão mantém muitos de nós fora do Inferno da Solidão.*
>
> — Tara e Kathy Darling, *In Praise of Dogs*

Cães de assistência emocional para TCE e TSPT

Desde o começo do conflito no Iraque e no Afeganistão, soldados voltam para casa com um coquetel especial de tribulações. Primeiro, traumatismos cranioencefálicos (TCE) frequentemente são consequências de explosivos improvisados. Um TCE é uma lesão que não vemos, mas que afeta o lobo frontal da pessoa e pode causar dificuldade em realizar tarefas diárias que antes eram feitas automaticamente. Vítimas podem sofrer de convulsões ou desmaios, e a lesão também tem uma influência profunda na sua personalidade, podendo resultar em mudanças sutis ou extremas na memória, trato emocional e temperamento. Apesar de ser uma lesão física, ela está localizada no cérebro e não pode ser vista. É por isso que os efeitos colaterais de um TCE são observados com mais clareza no comportamento pós-guerra da pessoa.

A segunda lesão clássica da guerra contra o terrorismo é o transtorno de estresse pós-traumático (TEPT). Esse é outro ferimento invisível que se traduz em um distúrbio mental grave. Seus sintomas podem ser horríveis: lembranças vívidas, pesadelos e pensamentos traumáticos indesejados, além de um medo extremo, ansiedade, desconfiança, culpa, solidão e incapacidade de sentir prazer. Como o TEPT também afeta a personalidade, a vítima se isola de amigos, e a família sente dificuldade em compreender o novo comportamento estranho do ente querido. O isolamento leva à solidão, e a solidão pode causar uma depressão profunda. Desde que a guerra contra o terrorismo começou, tanto o Exército americano quanto o Departamento de Assuntos de Veteranos registraram uma epidemia de suicídios relacionados ao TEPT.

Então, uma nova raça de heróis americanos surgiu: cães de assistência emocional para TEPT e TCE. Esses animais passam por treinamentos individuais para ajudar cada veterano ou membro ativo das Forças Armadas com sua forma específica de transtorno. Eles podem aprender centenas de tarefas específicas e personalizadas, incluindo buscar ajuda durante uma crise médica, avisar sobre convulsões ou ataques de pânico antes que aconteçam ou fornecer assistência relacionada a tratamentos, como carregar remédios e oferecer terapia de toque. Também ajudam o paciente a enfrentar sua carga emocional, sendo uma presença tranquilizadora e executando técnicas que aumentam a segurança pessoal, como prevenir que outras pessoas cheguem muito perto ou sobrecarreguem o paciente emocionalmente.

O Departamento de Assuntos de Veteranos já fornece cachorros de assistência para ex-combatentes com deficiências físicas e começou a distribuir cães treinados para lidar com

TEPT a soldados diagnosticados com o transtorno. A ajuda dos animais é inestimável na reintegração de veteranos traumatizados no mundo civil. Como o trabalho dos cães de terapia só está começando nessa área, ainda não temos muitos dados e estatísticas. Mas depoimentos dos próprios usuários apoiam o uso de cães para veteranos com TEPT.

Testemunhos conectando cachorros e adaptabilidade existem há milhares de anos, mas agora encontramos uma vastidão de dados de pesquisas para legitimá-los cientificamente. Eu acredito, sinceramente, que um cachorro sempre será o melhor remédio do mundo.

Adaptabilidade e amor incondicional

Acho que compreendo melhor os cachorros do que as pessoas — e, às vezes, os cachorros parecem ser os únicos que realmente me entendem. Estar na presença de uma matilha me traz uma serenidade que não encontro em nenhum outro lugar. Sou um cara antiquado, que acredita em honra e tradição, e é mais comum observar essas qualidades nas comunidades caninas do que nas humanas. Os valores que uma matilha segue — lealdade, autenticidade e apoio mútuo — são mais difíceis de encontrar na sociedade moderna.

Meu relacionamento com Junior ainda está começando a chegar perto da intimidade profunda que eu compartilhava com Daddy. Sempre busquei esse amor no meu relacionamento com humanos, mas nunca consegui encontrá-lo.

Isto é, até eu conhecer Jahira.

Depois que a papelada do divórcio foi assinada e passei a ser oficialmente um homem solteiro, enfrentei um período de dúvidas e inseguranças. Eu me preocupava com meu negócio e com meus filhos, me sentia rejeitado e incapaz de ser amado. Um dia, em 2011, enquanto fazia compras para tentar me animar na Dolce & Gabbana, em Los Angeles, vi uma moça lindíssima trabalhando lá. Com ou sem programa de televisão, eu sabia que uma mulher daquelas jamais sairia comigo. Então, baixei a cabeça e passei por ela, entrando no elevador que levava à sessão masculina.

Pouco antes de a porta fechar, a moça bonita também entrou! Eu nunca sabia o que dizer em situações assim, mas ela fez a conversa fluir com facilidade. Disse que se chamava Jahira, que era estilista e fazia poucos meses que estava em Los Angeles. Quando me apresentei, ela falou que gostava do meu programa. Depois de um bate-papo rápido, nos separamos, mas eu não conseguia tirá-la da cabeça. Em especial, gostei de ela ter admitido que, como uma jovem latina, sentia orgulho de ter conseguido emprego em uma loja tão prestigiosa. Sua confiança me deixou impressionado. Algumas semanas depois, reuni coragem e voltei lá — desta vez, não para fazer compras, mas para convidá-la para jantar. Foi assim que tudo começou.

Namoramos por um tempo e, conforme nos tornávamos mais próximos, começamos a falar sobre morar juntos. Enquanto isso, apesar de Andre continuar com a mãe, meu filho mais novo, Calvin — na época com 10 anos —, resolveu vir morar comigo. Não mais apenas um "pai de fim de semana" divorciado na vida de Calvin, fiquei grato pela oportunidade de vê-lo todos os dias novamente — porém, ao mesmo tempo, o garoto dava trabalho. O divórcio o tornara inseguro de si mesmo e de seu lugar no mundo, assim como havia acontecido comigo. Ele estava com raiva, tinha problemas na escola e se rebelava bastante.

Quando Jahira finalmente se juntou a nós na casa, imediatamente assumiu um papel muito maternal com Calvin. Eu observei enquanto ela se tornava um exemplo carinhoso e amoroso para ele. E, aos poucos, com o apoio inflexível dela, a raiva do meu filho foi diminuindo.

Nós éramos dois homens perdidos, e Jahira — jovem, mas muito sábia para sua idade — sabia exatamente como nos trazer de volta. Ela nos deu amor incondicional no momento mais triste das nossas vidas e nos desafiou a sermos melhores. Acreditou em nosso potencial antes que eu e Calvin acreditássemos em nós mesmos. Por um milagre, fomos capazes de suprir suas expectativas.

Jahira foi a mulher que finalmente me ensinou a confiar nas pessoas. O relacionamento que tenho com meus cães — em especial com Daddy — sempre foi muito profundo e satisfatório. São relações baseadas em autenticidade e integridade; nunca precisei ser nada além de mim mesmo para receber seu amor, respeito e apreço. Mas nunca me senti completamente confortável com os humanos em minha vida. Agora, percebo que sempre criava barreiras ao meu redor.

Foi Jahira quem me desafiou a baixar minhas defesas. Ela me ensinou que, quando há um respeito mútuo entre duas pessoas, é possível formar conexões humanas mais profundas e preciosas.

Eu nunca havia sentido uma ligação implícita como a que compartilhamos. Com frequência, um de nós diz algo e o outro responde com: "Eu estava pensando na mesma coisa." Ou me lembro de algo que preciso fazer, e ela me diz: "Não se preocupe, querido. Já resolvi."

Jahira tem o coração mais generoso do mundo. A forma como interagimos contém o mesmo alto grau de respeito e honra que sinto com os animais na minha vida. Nunca achei que pudesse ter esse tipo de amor e confiança incondicionais com outro ser humano, mas ela torna tudo isso muito fácil e maravilhoso.

Foi por isso que a pedi em casamento.

Levei muitos anos e precisei de muitos cachorros para me curar. Os cães foram a inspiração para minha adaptação: eles me mostraram como abrir meu coração para ter um relacionamento incondicionalmente amoroso com outra pessoa. Como sempre digo, é possível ensinar novos truques a um cachorro velho. Até mesmo eu consigo mudar.

Lição canina N° 7

Como ser adaptável

- Conecte-se com uma energia calma. Ela reduz o estresse que pode levar a doenças mentais e físicas. Você também vai se beneficiar com níveis mais baixos de cortisol e pressão sanguínea.
- Faça exercícios físicos para curar feridas internas. Crie um hábito e escolha as tarefas de baixa intensidade que os cachorros fazem: caminhar, nadar e correr.
- Enfrente seus problemas. Permanecer em negação só atrasa o processo de recuperação.
- Aceite a si mesmo sem julgamentos e não se concentre na opinião imaginária dos outros. Quando você se aceita, as pessoas ao redor também o fazem.

Lição 8: Aceitação

Aceite — e então aja. Seja lá o que estiver acontecendo no momento presente, aceite-o como se o tivesse escolhido... Miraculosamente, isso mudará sua vida.

— Eckhart Tolle

Certa manhã, abri o *Los Angeles Times* e encontrei uma manchete providencial: "Cesar Millan, de *O Encantador de Cães*, não enfrenta acusações após investigação sobre crueldade animal."

Essa declaração oficial do Centro de Controle e Cuidados de Zoonoses do Condado de Los Angeles veio alguns meses depois de sua investigação sobre minhas técnicas para a reabilitação de cães em 2016.

Os cachorros vivem nos revelando novas lições de vida valiosas, e esse episódio triste foi mais um desses momentos de aprendizado. As acusações de crueldade contra mim me deram a oportunidade de fazer um curso intensivo sobre aceitação espiritual — e meu professor improvável acabou sendo o cão no epicentro do incidente: um buldogue francês preto e branco minúsculo chamado Simon.

Vamos voltar ao início dessa história.

Simon e o porco

Na minha série *Cesar 911*, as pessoas ligam para nossa produção para relatar casos de cães problemáticos que precisam de ajuda imediata. Com frequência, é um momento de crise: um casamento está em risco, existe a possibilidade de despejo da casa onde se mora ou até — como no caso de Simon — a possibilidade de ter que sacrificar um animal descontrolado.

Como todos os cachorros que aparecem no programa, Simon tinha uma história emocionante e um problema urgente. Tudo começou com uma ligação de Jody e Sue, que participam de um grupo de proteção específico para uma raça, chamado Pei People, que cuida — isso mesmo — de shar-peis. Como muitos grupos de proteção, a organização encontra a maioria dos cães em abrigos com um alto índice de sacrifícios e os coloca em lares temporários enquanto buscam por donos permanentes. Nos lares temporários, os animais podem se recuperar da negligência, dos abusos, dos machucados ou das doenças que sofreram.

A dona de Simon, Sandy, era uma das melhores voluntárias do Pei People. Ela aceitava até os casos mais drásticos, machucados e extremos. Ao longo dos anos, cuidou de mais de sessenta shar-peis, recuperando sua saúde e encontrando lares amorosos para eles. Tenho muita admiração por pessoas como Sandy, que abrem suas casas para animais necessitados. Elas são verdadeiros anjos.

Os problemas começaram quando Sandy resolveu adotar um cachorro para si mesma: Simon, um buldogue francês cheio de marra. Apesar de ser um bichinho de estimação amoroso, ele foi se tornando cada vez mais agressivo com os cães que sua nova dona abrigava. Com o tempo, sua agressão potencial se tornou um perigo verdadeiro.

Quando adotou o buldogue, Sandy já tinha dois animais amados: uma dupla de porquinhos vietnamitas. Um dia, quando ela estava fora, Simon atacou os dois com brutalidade. Um morreu na hora. O outro se machucou tanto que precisou ser sacrificado. Sandy ficou traumatizada e arrasada com o incidente.

Quando me ligaram, a situação com Simon chegara a um impasse. Sandy e o Pei People tinham um problema sério. O grupo de proteção passara a contar que a voluntária aceitaria seus casos mais difíceis, mas estava com medo de deixar os cachorros convivendo com Simon. Agora, Sandy tinha que tomar uma decisão digna de *A escolha de Sofia*: ou deixava de ajudar dezenas de shar-peis desabrigados que precisavam de seu amparo singular, ou sacrificava Simon, que era agressivo demais para ser adotado por outra pessoa.

Eu já disse e repito que não acredito que seja necessário sacrificar cães na maioria dos casos de comportamento problemático. Na minha experiência, apenas uma pequena porcentagem deles não melhora com a ajuda dos humanos certos — e, mesmo nesses casos, não merecem morrer por conta disso (ainda mais quando foram os próprios humanos que criaram esses problemas em 99% das vezes).

Simon aceita a nova ordem mundial

Quando me chamam para ajudar alguém que resgata ou abriga cachorros, sei que tenho uma grande responsabilidade. Não se trata apenas da pessoa ou do cão que estarei ajudando — mas dos inúmeros animais que ainda serão amparados por aquele voluntário. Quando conheci Simon e observei sua agressividade contra Sunshine, o shar-pei de quem Sandy cuidava na época, logo vi que ele estava na perigosa "zona vermelha". Isso significa que, se não recebesse ajuda, sua agressão poderia levá-lo a matar, causando tragédias como o triste destino dos porquinhos.

A primeira parte do meu trabalho foi ensinar Sandy a acalmar o comportamento de Simon em relação aos cães resgatados antes de outra desgraça acontecer. O buldogue francês era um caso desafiador, e com certeza fiz valer meu salário naquele dia. Ainda assim, acabei descobrindo que, como a maioria dos cães, Simon estava aberto e receptivo a receber limites para seu comportamento. O problema era só que ninguém os impusera antes.

Passei um longo dia trabalhando com Simon até que ele aceitasse interagir de outra forma. Apesar de ser necessário mais tempo para completar sua reabilitação (incluindo uma estadia no Dog Psychology Center, que ficara marcada para a semana seguinte), Simon se mostrou incrivelmente disposto a mudar. Como a maioria dos cachorros, ele tinha uma preferência natural pela harmonia, não pelo conflito; mas nunca soubera que poderia agir diferente. Quando saí da casa de Sandy no fim da tarde, fiquei feliz ao ver o buldogue francês irritadinho acomodado na varanda da frente, ao lado da dona e do outro cachorro, Sunshine.

É tão lindo como os cães se rendem às mudanças. Como muitos dos animais com quem trabalho, Simon só precisou de um dia para começar a aceitar a nova estrutura de sua casa.

Naquele momento, seria impossível saber que, em um futuro próximo, seria eu quem acabaria encarando minha própria luta em busca de aceitação e rendição.

Aceitar o que aconteceu é o primeiro passo para superar as consequências de qualquer problema.

— William James

Simon encara seus medos

Como os cães têm muito mais facilidade em acatar mudanças do que nós, humanos, acredito que seja importante encararem aquilo que temem ou desgostam para que se tornem capazes de aceitar uma maneira completamente nova de interagir com o mundo. Se um cachorro tem compulsão por perseguir esquilos, precisa estar perto deles para que eu consiga treiná-lo a abandonar seu comportamento predatório. No passado, ajudei dezenas de cachorros dessa maneira, aproximando-os do objeto do seu medo ou agressão e, por meio de repetições e limites claros, ensinando-os a formar associações novas e positivas.

Minha abordagem com Simon não foi diferente. Quando soube que ele tinha atacado porcos no passado, liguei para meu produtor, Todd Henderson, e pedi que arranjasse alguns. No México, cresci convivendo com porcos, então conheço bem seu comportamento. É muito provável que, mais cedo ou mais tarde, alguns se juntem ao meu grupo alegre de cavalos, bodes, lhamas, galinhas e tartarugas, todos coexistindo felizes e em paz no Dog Psychology Center de Santa Clarita.

Simon passou duas semanas conosco no centro e, durante esse tempo, foi exposto a todos os animais que poderiam se tornar objeto de sua agressão — bodes, porcos, cavalos e, é claro, outros cães. Quando finalmente voltou para Sandy, ele comia, brincava e passeava não só com os porcos, mas com todos os animais e cachorros no meu rancho.

Como os cachorros praticam a aceitação

- Os cachorros são uma das espécies mais bem-sucedidas da natureza, pois são biologicamente programados para se ajustarem a mudanças no ambiente e em suas circunstâncias.
- Os cachorros têm a capacidade de aceitar situações que os humanos considerariam traumáticas — viver em novos climas, reagir a novos "nomes" dados por pessoas e se juntar a novas matilhas — com mais facilidade que os donos.
- Os cachorros são capazes de aceitar limites facilmente, se forem oferecidos com uma energia calma e assertiva.
- Os cachorros aceitam o envelhecimento, a doença e as deficiências (como a perda de um membro do corpo ou cegueira) com elegância, se ajustando sem maiores traumas.

- Os cachorros sentem emoções como tristeza diante da perda de um companheiro humano ou animal, mas sempre seguem em frente.
- Os cachorros que vivem em grupos com frequência preferem se render a entrar em um conflito para viverem em paz. Essa é a base da aceitação.

Um clipe de vinte segundos

Eu, Sandy, o Pei People e minha equipe consideramos a reabilitação de Simon um sucesso absoluto. Por isso, fiquei tão chocado com a tormenta que veio a seguir. Aquilo foi um verdadeiro teste da minha capacidade de suportar as dificuldades.

Em março de 2016, a equipe de mídias sociais do National Geographic Channel divulgou um comercial do episódio em que Simon apareceria. Infelizmente, o vídeo era um clipe de vinte segundos e sem contexto, no qual o buldogue — ainda no começo de sua reabilitação — atacava um porco, mordia sua orelha e tirava sangue.

Em retrospecto, o vídeo parecia sensacionalista demais, sem mencionar nada da história de Simon nem sua situação e a de Sandy. Se tivessem assistido ao segmento inteiro, os espectadores saberiam que, quando Simon conheceu os porcos, já passara por um processo pesado de reabilitação. Também teriam me visto prendê-lo a uma guia para observar como reagiria com os animais. Só depois que ele não demonstrou sinais de agressão ou interesse pelos porcos, eu o soltei.

Apesar da edição dramática do comercial ter dado a ideia de que fora um ataque sangrento e violento, o público que assistisse ao episódio completo saberia que o veterinário declarara que o porco só sofrera "arranhões". E, por fim, teriam visto o final feliz: apenas 15 minutos depois da briga, Simon e o porco estavam caminhando juntos e felizes pela estrada.

Mas ninguém poderia saber disso em apenas vinte segundos. Alguns dias depois de o comercial ir ao ar, minha equipe descobriu que uma petição circulava pela internet com denúncias sobre minha "crueldade com animais". Fui acusado de "atiçar" o cachorro contra o porco. Uma pessoa ficou aborrecida até pelo dono dos porcos ter segurado um deles pelas pernas traseiras para evitar que fugisse. (Qualquer um, como eu, que tenha crescido em uma fazenda diria que essa é a melhor coisa a fazer para evitar que um porco saia correndo. Se ele tivesse fugido, poderia ter incitado um ataque ainda mais agressivo da matilha de cães ali perto.)

Não fez diferença o fato de os primeiros críticos estarem de posse dos fatos errados. A mídia sentiu um escândalo no ar e pensou nos picos de audiência antes mesmo de ligar para minha equipe e perguntar nossa versão da história.

Essa foi uma das lições mais duras sobre aceitação que já aprendi.

Ao longo de toda a minha carreira aos olhos do público, ganhei uma multidão de amigos, fãs e colegas compreensivos que apoiam meu trabalho com os cães e compreendem a motivação verdadeira por trás do que eu faço. Ao mesmo tempo, também há um grupo de críticos muito enfáticos — composto tanto de telespectadores quanto de profissionais da área — que discordam acaloradamente da forma como abordo a reabilitação canina (ou melhor, de como acreditam que minhas "técnicas" funcionam, muitas vezes por equívoco deles próprios).

Porém, pouquíssimas dessas pessoas já entraram em contato comigo para compartilhar suas opiniões de forma construtiva. As que o fazem geralmente se surpreendem ao ver que estou sempre aberto a ouvir suas ideias. No fim dessas conversas, tendemos a descobrir que elas discordam das *palavras* que uso — por exemplo, "dominância" e "assertividade" — para descrever meus métodos, mas não necessariamente das práticas em si. Além disso, enquanto muitos desses críticos adestram e condicionam cães que sofrem de problemas comuns entre animais de estimação, nunca enfrentaram a batalha de longo prazo que é reabilitar um cão na zona vermelha cuja vida está em risco.

Eu não escondo o que faço — está tudo gravado, exibido na televisão. Já recebi críticas públicas sobre meu trabalho — frases soltas em entrevistas, artigos editoriais. Estou acostumado. Entendo que a maioria dessas pessoas realmente se preocupe com o bem-estar e a saúde dos cachorros e de outros animais, e acreditem, com ou sem razão, que estão ajudando. Quando alguém cujo trabalho ou opinião eu respeito sugere algo claro e construtivo, sempre presto atenção. O restante — os chiados da negatividade —, passei a ignorar.

Devemos aprender a discordar. Não é realista acreditar que só se encontra a felicidade depois que você é amado pelo mundo inteiro e todos concordam com suas opiniões. Eu tenho o meu jeito de fazer as coisas, mas isso não significa que não possa haver outros que sejam tão bons quanto. Discordâncias fazem parte de nossa cultura — agora, mais do que nunca. Políticos não concordam com políticos (até mesmo com aqueles que estão do mesmo lado). Cientistas não concordam com cientistas. Médicos não concordam com médicos. Nem todo mundo gosta do Dr. Phil; nem todo mundo gosta do Dr. Oz; nem todo mundo gosta da Oprah.

Eu também discordo das pessoas. Discordo dos meus filhos. Discordo dos meus parentes. Discordo de personalidades na mídia. Mas tenho dificuldade em aceitar a mesquinhez hostil nas palavras e nas ações de uma porcentagem minúscula de pessoas que retratam erroneamente o que eu faço. No caso de Simon e o porco, elas nem sabiam a maioria dos fatos sobre a situação. Mas, depois que chegaram a uma conclusão, passaram a me ver como o vilão na mesma hora.

Também descobri que uma acusação sem provas pode facilmente chegar perto de destruir uma missão que demorou quase duas décadas para ser construída. Eu fui um pai trabalhador; por mais de dez anos, sacrifiquei muito tempo que poderia ter passado com meus filhos porque acreditava que estava ajudando as pessoas a compreenderem melhor seus cachorros. Esse era e permanece sendo o objetivo da minha vida. Porém, para continuar com esse trabalho, preciso que confiem em mim.

É necessário muito tempo para ganhar confiança, lealdade e respeito dos outros. É necessário muito tempo para construir uma carreira e uma missão de vida. Infelizmente, bastam apenas alguns segundos de um humano equivocado esbravejando palavras pesadas como "crueldade contra animais" para ameaçar isso tudo.

*Reflita sobre as coisas boas na sua vida atual —
as quais todos os homens têm muitas — e não
sobre as infelicidades do passado, as quais todos
os homens têm algumas.*

— Charles Dickens

A rendição vence a raiva

Indiretamente, Simon, o buldogue francês, me forçou a enfrentar outro desafio. Seria eu, assim como ele, capaz de aceitar o que estava acontecendo, sem me importar com as consequências? Ou me tornaria tão amargurado e raivoso quanto meus delatores? Aquele caso difícil, porém bem-sucedido, agora testava minha compreensão do conceito de rendição e aceitação.

Uma maneira importante que encontrei de aguentar o que parecia ser uma enxurrada de ódio vindo em minha direção foi nunca levar as acusações para o lado pessoal. Meus críticos não me conhecem enquanto pessoa; não são meus amigos; não sabem o que está no meu coração nem na minha alma. Não entendem o amor intenso que sinto pelos animais na minha vida e a comunicação profunda que compartilho com meus cães quando as câmeras não estão filmando. Pessoas que não me conhecem não podem prejudicar minha essência.

E foi isso que aprendi com os cães: eles podem se estranhar e brigar, mas, depois que o confronto termina, imediatamente seguem em frente. Nunca guardam mágoa. Então, em vez de contra-atacar, fiz valer meu aprendizado com os cachorros e me agarrei à fé de que algo positivo sairia de toda aquela tristeza.

Como um homem mexicano que cresceu pobre, sem poder contar com a ajuda do governo (ou, às vezes, nem com a dos meus pais) se passasse por dificuldades, aprendi a me voltar para algo superior. No meu caso, esse algo é Deus. Não importa se você acredita em Deus, no universo, no Tio Sam, ou no

Monstro do Espaguete Voador, aceitação significa ter fé; uma fé forte o suficiente para ajudar a suportar os momentos de crise. Uma fé que — diante do ódio, da negatividade ou até da perda de tudo que se tem — irá guiá-lo por seus problemas até você virar alguém melhor, mais forte e mais sábio do que era antes.

Por mais difícil que tenha sido perseverar durante aquelas semanas de investigação, escolhi a aceitação e a fé como os rumos certos a tomar. Eu e minha equipe colaboramos completamente com os investigadores e deixamos a justiça seguir seu curso. As autoridades assistiram ao episódio em questão — analisando-o muitas vezes — enquanto a história se desenrolava, capturada em duas câmeras diferentes. Elas pesquisaram e descobriram por conta própria as precauções que tomamos tanto para o cão quanto para os porcos antes de começarmos a filmar. Pouco depois de o incidente ocorrer, viram o mesmo porco correndo feliz pelo quintal, sem qualquer sinal de machucados na orelha.

Os inspetores foram ao Dog Psychology Center e avaliaram nosso estabelecimento e nossas práticas; tomaram depoimentos das principais pessoas envolvidas. Quando leram o relatório completo dado pelo veterinário que cuidou do porco depois do ataque, viram que sua única crítica às nossas práticas de segurança foi que deveríamos ter passado um protetor solar mais forte nos porcos, porque o dia estava muito quente e ensolarado.

O resultado foi a exoneração pública que li no jornal: "'Depois de uma investigação extensiva por parte de nossos funcionários, apresentamos um relatório muito abrangente e completo para a promotoria, que não encontrou qualquer crime pelo qual acusar o Sr. Millan', disse Aaron Reyes, vice-diretor do departamento de controle e cuidados de zoonoses. 'Foi uma decisão justa.'"[19]

É claro, eu tinha certeza de que qualquer investigação sobre meu Dog Psychology Center e nossa ótima equipe de produção do *Cesar 911* resultaria em uma exoneração, pois não havíamos feito nada de errado. Não tínhamos o que esconder. Além do mais, estávamos sinceramente dedicados em um esforço extremo para reabilitar e *salvar a vida* de um cachorro necessitado. As autoridades depois admitiram para nossa equipe que sentiam muito pelo incidente, que desperdiçou tempo e recursos valiosos da prefeitura. Mesmo assim, ser injustamente acusado de crueldade contra animais talvez tenha sido a experiência profissional mais traumática pela qual já passei.

Pense nisto: qual é a pior coisa que você pode dizer a uma pessoa que dedicou a vida inteira a ajudar animais? Apenas sussurre a palavra terrível que é "crueldade". É um termo que conjura imagens de negatividade, ódio e violência — o completo oposto do meu trabalho com cães.

Tento encarar todas as experiências na minha vida como uma lição, mas algumas são mais difíceis de aprender do que outras. E esse foi o caso da *aceitação*.

Dos arquivos científicos

A chave para a felicidade pode ser a autoaceitação

A Universidade de Hertfordshire, na Inglaterra, em parceria com as instituições de caridade Action for Happiness e Do Something Different, entrevistou e avaliou cinco mil pessoas, lhes fazendo perguntas que determinavam sua posição na chamada Escala da Felicidade de dez perguntas.[20] As questões eram baseadas nas pesquisas científicas mais recentes sobre o que diferencia as pessoas felizes das infelizes. Uma descoberta surpreendente foi que a autoaceitação era a qualidade mais relacionada à felicidade, mas a menos praticada. Em uma escala de um a dez, quase metade — 46% — dos participantes se classificou como abaixo do nível cinco em autoaceitação.

O estudo recomendava os seguintes hábitos para aumentar a autoestima e a autoaceitação:

- Seja tão bondoso consigo mesmo quanto é com os outros. Veja seus erros como oportunidades de aprender. Observe as coisas que você faz bem, por mais irrelevantes que sejam.
- Peça a um amigo ou colega de trabalho em quem confia para lhe dizer quais são seus pontos fortes ou as características que ele valoriza em você.
- Crie o hábito de passar um tempo tranquilo consigo mesmo. Avalie como está se sentindo e tente ficar em paz com quem você realmente é.

A reabilitação do ego

Todos temos dificuldade em aprender a aceitar. Ao contrário de outros animais, nós, humanos, carregamos o peso de nossa autoestima, que chamamos de ego. Nossos egos podem ser positivos — eles nos inspiram a criar, imaginar e lutar por objetivos que podem parecer impossíveis. Mas seu lado obscuro é a capacidade de passar por cima de nosso intelecto — e, em especial, de nossos instintos. As vozes do ego insistem que somos o centro do universo, que merecemos estar no topo, completamente satisfeitos e felizes o tempo inteiro. E, mais perigoso que tudo, nos fazem acreditar que podemos controlar tudo em nossas vidas e em nossos mundos.

A aceitação é a capacidade de silenciar o falatório constante do ego e reconhecer que há coisas na vida que não podemos controlar: a morte, a natureza e, especialmente, os pensamentos, sentimentos e as ações de outras pessoas. Ela nos permite relaxar, respirar fundo e seguir com a maré quando uma situação está além do nosso controle. Falando em termos de *O Encantador de Cães*, o ego precisa ser *reabilitado* para encontrarmos paz nas nossas incertezas.

Eu sempre me interessei no crescimento espiritual e em tentar ser uma pessoa melhor, então passei muito tempo me esforçando para dominar a arte da aceitação. Em algumas áreas, sinto que a conquistei. Quando trabalho com os cachorros, eu os aceito como são e não os julgo por ações passadas ou atuais. Não fico com raiva se me atacam, não luto contra a Mãe Natureza. Acredito que meu trabalho seja ajudar os cães a voltar para o âmago de quem deveriam ser: primeiro, animais; depois, raças; e então seus nomes dados pelos humanos.

Meus clientes com cachorros problemáticos costumam confundir a ordem da identidade de seus bichinhos — em geral, acreditam que um cão é primeiro seu nome, depois sua raça e então, com uma frequência enorme, acham que são humanos! Eles tendem a esquecer que, apesar de nossos cachorros serem, sem sombra de dúvidas, membros da família, o *Canis familiaris* é, incontestavelmente, uma espécie muito diferente da nossa. Cães têm necessidades e desejos diferentes, e devemos aprender a supri-los para manter nossos animais felizes e equilibrados.

Ao ensinar essa lição para meus clientes, acabo me tornando um professor de aceitação. Então é de se esperar que seria fácil transferir minha habilidade de lidar com cachorros para o mundo humano, certo?

Errado! Admito que acho os humanos confusos e complexos. Para mim, aceitar seus pensamentos e ações frequentemente contraditórios é bem mais difícil do que apenas deixar um cão ser como ele é. Mas se existe uma coisa que sei sobre as pessoas é que não sou o único a ter essa frustração.

É por isso que acredito que a aceitação é uma das lições mais importantes que nossos cães podem nos ensinar.

O brilhantismo dos cachorros é que, como eles não têm nossos egos, não podem fazer referências às nossas memórias detalhadas, porém maleáveis. Não inventam histórias sobre o passado que reforçam a própria negação; não guardam mágoas, e podem criar novas associações com muito mais facilidade do que nós, deixando todo o passado para trás. Simon é um ótimo exemplo de como os cães fazem isso.

Dos arquivos dos famosos

Kathy Griffin

Como comediante de stand-up, Kathy já enfrentou competidores implacáveis, casas vazias e falastrões bêbados. Quando volta para casa depois de um dia de trabalho no corredor polonês do *showbiz*, ela tenta ficar mais centrada. Isso é algo que faz com a ajuda de sua família de cachorros adotados: Chance, Captain, Larry e Pom Pom.

"Eles não me julgam", diz ela. "Eu só os observo, e eles me fazem rir, porque são tão sinceros uns com os outros. Tento levar isso para meu trabalho, porque o público reage a essa honestidade. De um jeito metafórico, meus cães são o oposto das celebridades sobre quem faço piada. Eles não tentam ser ninguém além de si mesmos e te amam incondicionalmente por quem você é."

Mais finais felizes

Simon, o buldogue francês, me ensinou a lição mais difícil da minha carreira: a capacidade de aceitar que as pessoas podem magoar e até tentar destruir algo que temem ou não entendem. Agora, posso passar o ensinamento para meus filhos. Precisamos aceitar que esse lado obscuro da natureza humana existe antes de conseguirmos superá-lo.

É importante ter sempre em mente que, entre os dois participantes no epicentro desse incidente, Simon era quem mais tinha a perder. Se eu não tivesse conseguido reabilitá-lo, meu fracasso lhe custaria a vida: ele seria condenado à morte e sacrificado como um caso perdido.

Hoje, muitos meses depois de termos filmado o episódio, a mudança de comportamento dramática de Simon fica cada vez mais consolidada. Sua agressão diminuiu, e ele agora consegue conviver pacificamente na companhia de porcos, cachorros e uma variedade de animais. Sandy continua abrigando shar-peis e até adotou Sunshine, porque ele e Simon — um cachorro que odiava outros cães — se tornaram inseparáveis!

Esse era o lindo resultado que eu esperava.

Mais uma vez, é preciso que um cão nos ensine como a aceitação pode suscitar uma forma diferente, mais equilibrada e pacífica de viver.

Lição canina Nº 8

Como praticar a aceitação

- Observe as circunstâncias e, com a mente aberta, reflita sobre os eventos e comportamentos que trouxeram você até o momento presente.
- Não repita o mesmo comportamento se continuar obtendo resultados negativos.
- Quando lhe oferecerem uma forma diferente e melhor de se comportar ou viver, não hesite; esteja aberto para a novidade.

- Sempre tente seguir na direção do equilíbrio, não do conflito.
- Tenha fé em algo maior que si mesmo — seja no líder da sua matilha, na sua família, na sua missão de vida, na Mãe Natureza ou no seu Deus.

Epílogo

*Os cães são leais, pacientes, corajosos, clementes
e capazes de um amor puro. São virtudes
que poucas pessoas passam a vida sem
abandonar pelo menos uma vez.*

— M.K. Clinton, *The Returns*

Pouco antes de terminar este livro, voltei de uma longa viagem pela Ásia, onde fui ensinar às pessoas sobre cachorros. Na minha primeira visita ao continente, em 2014, fiz apenas minha turnê de palestras. Desta vez, não só fiz mais apresentações em Hong Kong, na China continental, na Tailândia e em Cingapura, mas também filmei uma nova série chamada *Cesar's Recruit* [O recruta de Cesar], um reality show de competição em que pessoas comuns que desejam se tornar adestradoras de cães competem para virar meu próximo aprendiz — que um dia pode acabar se tornando "o Encantador de Cães" da Ásia.

Acho fascinante — eu, que cresci em um país em desenvolvimento — observar as muitas diferenças entre as culturas ocidentais e orientais. E, por um acaso, o público asiático parece bem mais receptivo à liderança calma e assertiva que ensino do que os americanos e europeus. Por milhares de anos, a cultura oriental sempre prestigiou a moderação, a disciplina, a lealdade, a calma e o respeito como seus valores principais. Apesar de a maioria das pessoas que frequentam minhas palestras não ter muito conhecimento sobre como cuidar e se conectar com seus animais de estimação, elas costumam entender o que eu digo imediatamente, com muito mais compreensão do que parte do público ocidental.

Os comentários que recebo sobre meu trabalho na Ásia são surpreendentes. Os donos de cachorros relatam resultados impressionantes depois de assistirem às palestras, bastando aplicar seus valores culturais milenares ao relacionamento com os animais. Como resultado, voltei para os Estados Unidos cheio de otimismo sobre o futuro dos cães na Ásia, onde ter um cachorro de estimação ainda é um fenômeno relativamente recente para a classe média, apesar de ser nítido que as pessoas desejam receber informações positivas sobre como cuidar dos seus amigos de quatro patas e deixá-los felizes.

Embora muitas sociedades asiáticas ainda se alimentem de cachorros, acredito que as culturas orientais sejam, talvez, perfeitas para aqueles que amam e apreciam os cães como amigos, ajudantes e companheiros. Certas religiões orientais acreditam que Deus colocou os cachorros na Terra para nos ensinar e nos guiar. Outros creem que, quando uma pessoa especialmente sagaz e digna morre, a primeira reencarnação de sua alma na Terra será como um cão, que é o ser terreno mais sábio e iluminado. Considerando todas as lições de vida que aprendi com esses animais, não acho que seja uma ideia muito absurda. Talvez os antigos do mundo asiático tenham intuído algo sobre a alma canina que as sociedades ocidentais, que amam os cães há tanto tempo, só estejam começando a compreender agora.

> *Ser seguido até em casa por um cão de rua é sinal de fortuna vindoura.*
>
> — Provérbio chinês

Aprendi muito com as pessoas mais importantes da minha vida. Meu avô me ensinou sobre respeito; minha mãe, sobre amor incondicional; meus filhos, sobre paciência e autocontrole; minha noiva, Jahira, a confiar. Mas posso dizer, sem hesitação, que foram meus relacionamentos e interações com os cachorros que me fizeram entender cada uma dessas lições. No passado, dezenas de outros cães me mostraram uma sabedoria que nenhum humano poderia exibir: uma dobermann delicada chamada Baby Girl me ensinou sobre perseverança durante os meses que passei tentando ajudá-la a superar o caso mais debilitante de medo que já vi. Gavin, um cão farejador de bombas, sofrendo de estresse pós-traumático ao voltar do Afeganistão, me ensinou o que significa ser um herói verdadeiro e altruísta. Apollo, o rottweiler do meu filho Andre, me ensinou sobre o poder de cura das brincadeiras e da energia gentil. Sem Daddy e Junior para me mostrar o significado da lealdade e do amor incondicional, eu jamais teria sido capaz de me tornar o pai e parceiro romântico dedicado que finalmente sou. Os cães me ensinaram a seguir meus sonhos, a me apaixonar e desapaixonar, a enfrentar decepções, a aguentar perdas, a rir até chorar e a seguir em frente e perdoar.

Desde a minha infância com Paloma na fazenda do meu avô, os cachorros também são a fonte da minha inspiração e da minha missão de vida, assim como da confiança e coragem de levar minha mensagem para o restante do mundo. Eu me sinto infinitamente abençoado por poder trabalhar com eles todos os dias, porque isso significa que as lições nunca param.

E isso é positivo, pois acredito que ainda tenho muito a aprender. O cérebro humano é mais complicado que o dos cães, e o ego humano... Bem, às vezes, penso que superá-lo é o maior desafio que Deus nos deu. Como todas as pessoas, estou sempre tentando melhorar.

O aprendizado com os cães de forma alguma me torna perfeito. Se me perguntarem se tenho relacionamentos ruins — íntimos ou não —, a resposta será que sim, sem dúvida. Sou o pai perfeito? Não. Criei filhos perfeitos? Não. Mas me pergunte se criei o cachorro perfeito, e lhe direi que sim, muitas vezes. Isso porque os cães começam a vida na perfeição da simplicidade — e, se lhes dermos um lugar seguro e estruturado para que se tornem quem são por dentro, seu caráter assumirá o restante.

Nós, humanos, não temos a capacidade inata dos cães de sermos sinceros e inocentes — e apenas os mais iluminados e espirituais dentre nós serão capazes de sentir a pureza de viver apenas no momento. Mas, mesmo que seja impossível imitarmos completamente os cachorros, podemos adotar as melhores características desses espíritos puros e lindos. A felicidade, a liberdade e a simplicidade que uma conexão verdadeira com um cão — ou com cães — nos traz são alguns dos presentes mais preciosos da vida.

As pessoas seriam como os cachorros se nós focássemos apenas nas coisas importantes.

— Ashly Lorenzana, escritora

Então, agora, imagine comigo que seu dia termina assim:

Você volta para casa depois de um dia agradável de trabalho, caminhando animado. Assim que passa pela porta, cumprimenta seus entes queridos como se não os visse há anos — todos se abraçam, dançam, cantam e comemoram —, afirmando e reafirmando seu apreço e amor incondicional uns pelos outros. Depois de um período vigoroso de diversão no quintal e de ficarem de barriga cheia com o jantar, todos deitam juntos no gramado e contemplam os aromas noturnos, o som dos grilos, o brilho das estrelas. Ninguém fala, mas há muito sendo comunicado. Nada mais precisa ser dito.

Mais tarde, vocês caem no sono entrelaçados, exaustos e gratos, sem qualquer preocupação ou dúvida de que o dia seguinte não será tão mágico e maravilhoso quanto o que acabou de terminar.

Seu último sentimento antes de pegar no sono é gratidão por ser tão abençoado com uma vida farta e cheia de felicidade.

Essas lições simples, porém profundas, que os cães podem nos ensinar são importantes demais para serem ignoradas.

Só precisamos prestar atenção nelas.

Agora, saia de casa e — parafraseando um ditado popular — ouse ser a pessoa que seu cão acredita que você é!

Fontes

1. Marc Bekoff e Jessica Pierce, "The Ethical Dog", *Scientific American*, 1º de março de 2010, www.scientificamerican.com/article/the-ethical-dog.
2. Allen R. McConnell et al., "Friends With Benefits: On the Positive Consequences of Pet Ownership", *Journal of Personality and Social Psychology 101*, nº 6 (dezembro de 2011): 1239-52.
3. Sophie Susannah Hall, Nancy R. Gee e Daniel Simon Mills, "Children Reading to Dogs: A Systematic Review of Literature", *PLoS One*, 22 de fevereiro de 2016.
4. Leanne ten Brinke, Dayna Stimson e Dana R. Carney, "Some Evidence for Unconscious Lie Detection", *Psychological Science 25*, nº 5 (1º de maio de 2014): 1098-1105.
5. Jeffrey T. Hancock et al., "On Lying and Being Lied To: A Linguistic Analysis of Deception in Computer-Mediated Communication", *Discourse Processes 45*, nº 1 (2007): 1-23, DOI: 10.1080/01638530701739181.
6. Akiko Takaoka et al., "Do Dogs Follow Behavioral Cues From an Unreliable Human?", *Animal Cognition 18*, nº 2 (março de 2015): 475-83.
7. K. A. Lawler et al., "The Unique Effects of Forgiveness on Health: An Exploration of Pathways", *Journal of Behavioral Medicine 28*, nº 2 (abril de 2005), 157-67.
8. Karine Silva e Liliana de Sousa, "'Canis Empathicus'? A Proposal on Dogs' Capacity to Empathize With Humans", *Biology Letters 7*, nº 4 (2011): 489-92, DOI: 10.1098/rsbl.2011.0083.

9. Nathan Rabin, "Redman", *A.V. Club*, 10 de abril de 2007.
10. Miho Nagasawa et al., "Oxytocin-Gaze Positive Loop and the Coevolution of Human-Dog Bonds", *Science 358*, nº 6232 (17 de abril de 2015): 333-36.
11. Kerstin Lindblad-Toh et al., "Genome Sequence, Comparative Analysis and Haplotype Structure of the Domestic Dog", *Nature 438*, nº 7069 (8 de dezembro de 2005): 803-819.
12. Citado em Scott P. Edwards, "Man's Best Friend: Genes Connect Dogs and Humans", *BrainWork* (blog), DANA Foundation, março de 2006, www.dana.org/Publications/Brainwork/Details.aspx?id=43592.
13. P. Simonet, M. Murphy e A. Lance, "Laughing Dog: Vocalizations of Domestic Dogs During Play Encounters", *Animal Behavior Society Conference*, 14-18 de julho, Corvallis, Oregon.
14. Stanley Coren, "Do Dogs Laugh?", *Psychology Today*, 22 de novembro de 2009.
15. J. M. Siegel, "Stressful Life Events and Use of Physician Services Among the Elderly: The Moderating Role of Pet Ownership", *Journal of Personality and Social Psychology 58*, nº 6 (1990): 1081-86.
16. Os benefícios para a saúde dessa lista são descritos em mais detalhes em Michele L. Morrison, "Health Benefits of Animal-Assisted Interventions", *Complementary Health Practice Review 12*, nº 1 (janeiro de 2007): 51-62.
17. Tamanna Khare, "Can Dogs Sniff Out Cancer?", *Dogs Naturally Magazine*, www.dogsnaturallymagazine.com/can-dogs-sniff-out-cancer.
18. G. Taverna et al., "Prostate Cancer Urine Detection Through Highly-Trained Dogs' Olfactory System: A Real Clinical Opportunity", *Journal of Urology 191*, nº 4 (2014): e546.
19. Sarah Parvini, "No Charges for 'Dog Whisperer' Cesar Millan After Animal Cruelty Investigation", *Los Angeles Times*, 11 de abril de 2016.

20. University of Hertfordshire, "Self-Acceptance Could Be the Key to a Happier Life, Yet It's the Happy Habit Many People Practice Least", *Science Daily*, 7 de março de 2014, www.sciencedaily.com/releases/2014/03/140307111016.htm.

Material

Outros materiais de leitura
O bem-estar dos animais: Proposta de uma vida melhor para todos os bichos
De Temple Grandin e Catherine Johnson
Rocco, 2010

Are We Smart Enough to Know How Smart Animals Are?
De Frans de Waal
W.W. Norton & Company, 2016

Para lá das palavras: o que pensam e sentem os animais
De Carl Safina
Relógio d'água, 2016

A vida emocional dos animais: alegria, tristeza e empatia nos animais
De Marc Bekoff
Cultrix, 2010

Seu cachorro é um gênio!
De Brian Hare e Vanessa Woods
Zahar, 2013

How Dogs Love Us: A Neuroscientist and His Adopted Dog Decode the Canine Brain
De Gregory Berns
Harvest, 2013

How to Speak Dog: Mastering the Art of Dog-Human Communication
De Stanley Coren
Free Press, 2000

A cabeça do cachorro
De Alexandra Horowitz
Best*Seller*, 2013

Rewilding Our Hearts: Building Pathways of Compassion and Coexistence
De Marc Bekoff
New World Library, 2014

Quando os elefantes choram
De Jeffrey Moussaieff Masson e Susan McCarthy
Geração Editorial, 1998

Wild Justice: The Moral Lives of Animals
De Marc Bekoff e Jessica Pierce
University of Chicago Press, 2009

Organizações
Cesar's Way
www.cesarsway.com
A página de Cesar Millan na internet.

Cesar Millan's Mutt-i-grees Program
www.education.muttigrees.org

Guiado por pesquisas sobre adaptabilidade, aprendizado social e emocional e interação entre humanos e animais, o currículo da organização beneficente Mutt-i-grees inclui planos e estratégias de aula para engajar alunos e promover competência social e emocional, conquistas acadêmicas e informações sobre as necessidades de animais em abrigos.

Cesar Millan PACK Project: People in Action for Canines and Kindness
www.millanpackproject.org
Uma organização beneficente dedicada a melhorar a vida de cachorros ao reduzir a eutanásia, superpopulação e sofrimento, ao mesmo tempo em que educa humanos a construírem relacionamentos respeitosos e saudáveis com os cães. Juntos, criaremos um mundo melhor para todos nós.

Dognition: Discovering the Genius in Your Dog
www.dognition.com
Projeto de pesquisa científica com participação do público organizado pelo Dr. Brian Hare da Universidade Duke e outros cientistas, que inclui jogos e exercícios para descobrir como os cachorros pensam, sentem e solucionam problemas.

Agradecimentos

Cesar Millan
Meu mais profundo amor e gratidão à mulher que conquistou meu coração e me apoia em tudo, Jahira Dar. Obrigado a Bob Aniello por impulsionar este livro e por seus conselhos sempre sábios sobre questões de trabalho e de vida, e a Melissa Jo Peltier por trazer seus talentos e sua dedicação de volta à nossa equipe. A meus filhos, Andre e Calvin Millan, obrigado por me ensinarem todos os dias a ser um pai melhor e por me deixarem tão orgulhoso. Um agradecimento eterno à minha amiga Jada Pinkett Smith, que sempre me apoiou nos momentos difíceis. E, finalmente, obrigado a Daddy, meu guardião espiritual, cuja vida e alma extraordinárias me inspiraram a colocar estas memórias, sentimentos e ideias em palavras.

Melissa Jo Peltier
Obrigada a Bob Aniello e Jon Bastian da Primal Intelligence pela base extensa que criaram para este livro. A Hilary Black, do National Geographic Books, obrigada por sua dedicação, diligência, paciência e perfeccionismo. Um agradecimento à minha equipe jurídica maravilhosa, Shaliz Shadig, Domenic Romano e Miles Carlsen, e à minha amiga Carolyn Doyle Winter por suas críticas inteligentes e seu trabalho editorial.

A Kay e Murray Sumner, obrigada por sua amizade carinhosa e hospitalidade durante o processo de escrita. Muito obrigada, é claro, a Cesar Millan — foi muito legal voltar a trabalhar com você depois de tanto tempo. Minha gratidão eterna e amor ao homem que sempre me apoia, meu marido, John Gray. E à minha musa de quatro patas e "companheira de escrita", Frannie, vou lhe agradecer mais tarde com um passeio sem coleira pelas margens do Hudson.

Este livro foi composto na tipografia Minion
Pro, em corpo 11,5/15, e impresso em
papel off-white no Sistema Cameron da
Divisão Gráfica da Distribuidora Record.